Plan de igualdad. Desarrollo, implantación, seguimiento y evaluación. ADGD204PO

Alicia Jiménez García

ic editorial

Plan de igualdad. Desarrollo, implantación, seguimiento y evaluación. ADGD204PO
© Alicia Jiménez García

1ª Edición

© IC Editorial, 2025

Editado por: IC Editorial
c/ Cueva de Viera, 2, Local 3
Centro Negocios CADI
29200 Antequera (Málaga)
Teléfono: 952 70 60 04
Fax: 952 84 55 03
Correo electrónico: iceditorial@iceditorial.com
Internet: www.iceditorial.com

ISBN: 978-84-1184-918-0
Depósito Legal: MA 1011-2025

Impresión: PODiPrint
Impreso en Andalucía – España

Nota de la editorial: IC Editorial pertenece a Innovación y Cualificación S. L.

Especialidad formativa

Se entiende por especialidad formativa la agrupación de contenidos, competencias profesionales y especificaciones técnicas que responde a un conjunto de actividades de trabajo enmarcadas en una fase del proceso de producción y con funciones afines.

Las especialidades formativas de Uso General, Formación Complementaria, Formación Modular y las especialidades formativas dirigidas a la obtención de certificados de profesionalidad se incluyen en el Fichero de Especialidades del Servicio Público de Empleo Estatal para su gestión en todo el territorio nacional por cualquier Administración competente.

Las especialidades complementarias, pertenecen todas a la Familia profesional de Formación Complementaria (FCO) y tienen la consideración de formación transversal en áreas que se consideran prioritarias tanto en el marco de la Estrategia Europea para el Empleo y del Sistema Nacional de Empleo como en las directrices establecidas por la Unión Europea. Se consideran áreas prioritarias las relativas a tecnologías de la información y la comunicación, la prevención de riesgos laborales, la sensibilización en medio ambiente, la promoción de la igualdad, la orientación profesional y aquellas otras que se establezcan por la Administración competente.

Las especialidades de Certificado de profesionalidad tienen una duración especificada en su normativa reguladora.

En el resultado de la búsqueda, se muestran las unidades de competencia, todos los módulos formativos con su duración y las unidades formativas del certificado correspondiente, con su duración. Las horas del certificado, exclusivo de las especialidades de certificado de profesionalidad, con alta igual o superior a 2008, son las horas totales más las horas del módulo de Prácticas Profesionales no Laborales.

➲ **Si la especialidad tiene unidades formativas,** las horas totales, presencial, distancia, teleformación serán igual a la suma de esas horas de las unidades formativas de los distintos módulos, sin que se repita ninguna Unidad formativa.

➲ **Si la especialidad no tiene unidades formativas,** las horas totales, presencial, distancia, teleformación serán igual a las sumas de esas horas de los módulos formativos, eliminando las horas de los módulos repetidos.

https://sede.sepe.gob.es/especialidadesformativas/RXBuscadorEFRED/BusquedaEspecialidades.do

(Fuente: Servicio Público de Empleo Estatal)

Índice

Unidad de aprendizaje 4
Técnicas para la definición, planificación, desarrollo y evaluación de planes y medidas de desarrollo en igualdad

OBJETIVOS GENERALES

Los objetivos generales del **ADGD204PO. Plan de igualdad. Desarrollo, implantación, seguimiento y evaluación** son los siguientes:

- Adquirir habilidades en la elaboración y aprobación de un plan de igualdad, a partir de la negociación colectiva.
- Conocer los hechos sociales que han existido a lo largo de la historia y que han propiciado la igualdad entre hombres y mujeres en distintos ámbitos, así como las teorías que explican diversos aspectos muy relacionados con la igualdad.
- Conocer las bases legales del ordenamiento jurídico español en materia de igualdad.
- Conocer los aspectos básicos necesarios para elaborar e implantar el plan de igualdad en la empresa.
- Conocer las distintas técnicas que pueden ayudar a la gestión integral del plan de igualdad en la empresa.

Antecedentes históricos y sociales de la igualdad

Contenido

Objetivos

El objetivo general de esta Unidad de Aprendizaje es:

→ Conocer los hechos sociales que han existido a lo largo de la historia y que han propiciado la igualdad entre hombres y mujeres en distintos ámbitos, así como las teorías que explican diversos aspectos muy relacionados con la igualdad.

Los objetivos específicos de esta Unidad de Aprendizaje son:

→ Saber interpretar las teorías que explican el constructo social.

→ Describir las características y las funciones del agente de igualdad de oportunidades.

1. Introducción

La incorporación social de las mujeres ha sido un proceso en el que han tenido lugar grandes cambios cuyas consecuencias en la vida de estas ha supuesto finalmente su cada vez mayor reconocimiento como parte de la sociedad, pero tras mucho esfuerzo, mucha lucha y muchas decepciones. Estos cambios han implicado una modificación en la relación establecida entre hombres y mujeres, lo que significa que **muy poco a poco la balanza social tradicionalmente a favor de los hombres se está equilibrando en beneficio de la mujer.** Con respecto a esto, quizá a nivel legislativo haya habido un avance mayor que a nivel social, puesto que aún hoy en día en países de todo el mundo, tanto desarrollados como subdesarrollados, las mujeres siguen sufriendo las consecuencias de la desigualdad simplemente por el hecho de pertenecer al género femenino.

El fin último de las reivindicaciones de muchas mujeres a lo largo de la historia, y sobre todo de las medidas adoptadas una vez escuchadas, ha sido **integrar la perspectiva de género en todos los ámbitos sociales** que influyen tanto de forma directa como indirecta en el objetivo de igualdad entre mujeres y hombres.

Es fundamental tener conocimiento de lo que se ha hecho hasta ahora en materia de igualdad, cuáles fueron los fracasos y los éxitos de cada plan, de cada estrategia llevada a cabo a nivel internacional, europeo, estatal y autonómico.

Para conocer un poco la historia relacionada con la igualdad nos basaremos en el caso del estudio de arquitectura Parcela 51, formado íntegramente por hombres de distintas edades y categorías profesionales que, ante la demanda de servicios de decoración, ha contratado a Teresa Montilla, arquitecta de interiores.

2. Los movimientos reivindicativos

 **HILO CONDUCTOR**

A lo largo del siguiente año, al estudio se incorporan nuevas trabajadoras. En este tiempo, Teresa ha podido comprobar que existen desigualdades laborales

Continúa en página siguiente >>

<< Viene de página anterior

por razón de sexo. Es por ello que decide contactar con el Departamento de Recursos Humanos para proponer la implantación de un plan de igualdad.

Teresa, en primer lugar, lee algo sobre la historia de los movimientos reivindicativos que surgieron en materia de igualdad.

A lo largo de la historia, mujeres como **Olimpia de Gouges** en Francia, **Clara Campoamor** en España o **Mary Wollstonecraft** en el mundo anglosajón se han revelado en contra de los roles de género asignados por la sociedad en la que les tocó vivir (una sociedad patriarcal) y dedicaron gran parte de su vida a reclamar una serie de derechos que, por el hecho de haber nacido mujeres, les eran denegados (votar, divorciarse, heredar, participar en el mundo de la política, trabajar fuera de casa por un salario igual al de sus compañeros, etc.).

Es interesante que conozcas el papel que tuvo en su época la escritora **Marie de Gournay (siglo XVI).** Fue conocida como la hija adoptiva de Michel de Montaigne (creador del género literario conocido como "ensayo"). Algunas de sus obras y pensamientos fueron:

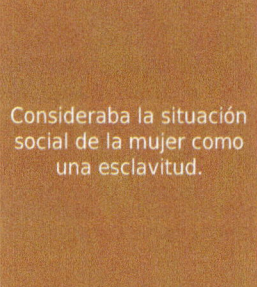

Publicó en 1622 su obra *Igualdad entre los hombres y las mujeres,* y en 1626 *Agravio a las mujeres,* donde critica la misoginia de la sociedad literaria y defiende el modelo humanista de educación.

En sus obras afirma que la diferencia entre hombres y mujeres es solo física y que si las mujeres carecían de la capacidad de abordar cuestiones científicas, filosóficas o políticas era porque tenían vetado acceder a esos conocimientos.

Consideraba la situación social de la mujer como una esclavitud.

El movimiento feminista empieza a tener visibilidad a lo largo de la historia a través de distintos hechos:

⮕ **La Ilustración:** en esta etapa se empiezan a vislumbrar los **primeros movimientos feministas,** cuando se genera cierta literatura de carácter liberal a favor de la mujer. Destacan dos figuras femeninas fundamentales:

- ひ **Olimpia de Gouges,** que escribió la *Declaración de los derechos de la mujer y la ciudadana* como contrapartida a los *Derechos del hombre y el ciudadano,* redactados tras la Revolución francesa, ya que las mujeres no estaban incluidas en dicha declaración al no ser consideradas ciudadanas.
- ひ **Mary Wollstonecraft,** que fue autora de *Vindicación de los derechos de la mujer,* obra que ya no fue catalogada como queja sino como reivindicación, componente esencial del feminismo.

⊃ **El sufragio universal:** es en este periodo cuando el feminismo surge como un **movimiento social internacional,** de forma **autónoma y organizada,** lo cual permitió que fuera considerado igual que otros movimientos sociales como el socialismo y el anarquismo.
En Inglaterra y en Estados Unidos es donde surge un mayor número de activistas por los derechos civiles, como las ***suffragettes*** lideradas por Emmeline Pankhurst. En Rusia, destaca Alexandra Kollontái y su búsqueda de una mujer nueva. En España, Clara Campoamor, licenciada en Derecho, luchó durante la Segunda República por la no discriminación por razones de sexo, por la igualdad jurídica de las hijas y los hijos, por el divorcio y por el voto femenino.

⊃ **Las corrientes feministas de los años sesenta:** no es hasta los años sesenta cuando, a nivel internacional, se produce una nueva ola de reivindicaciones por el cambio social y la igualdad entre hombres y mujeres. En ese momento, el feminismo resurge con mucha fuerza a través de diversas corrientes feministas, tales como:

- ひ **Feminismo liberal:** defiende la situación de las mujeres como una desigualdad y postula reformas en el sistema para la igualdad de sexo.
- ひ **Feminismo radical:** supone una revolución en la liberación de las mujeres con actuaciones como la desvinculación de la maternidad y la procreación de la práctica sexual.
- ひ **Feminismo marxista/socialista:** vincula la subordinación de la mujer a factores históricos y de clase, como la división en el trabajo y el rol dentro de la formación de la familia.

Desde los años ochenta hasta el día de hoy, el feminismo se centra en dos nuevas tendencias: **ecofeminismo** (feminismo y ecologismo) y **ciberfeminismo** (surge por el escaso número de mujeres en el mundo informático).

PARA SABER MÁS

En España también destacó la labor de **Emilia Pardo Bazán,** escritora coruñesa que fundó y dirigió en 1892 la publicación *Biblioteca de la Mujer.* En el siguiente enlace de la biblioteca virtual Miguel de Cervantes podrás conocer su biografía:

https://redirectoronline.com/adgd204po0101

ACTIVIDAD COMPLEMENTARIA

1. Analiza e identifica las principales ideas que se derivan de la siguiente cita de Clara Campoamor:

   "Resolved lo que queráis, pero afrontando la responsabilidad de dar entrada a esa mitad de género humano en política, para que la política sea cosa de dos, porque solo hay una cosa que hace un sexo solo: alumbrar; las demás las hacemos todos en común, y no podéis venir aquí vosotros a legislar, a votar impuestos, a dictar deberes, a legislar sobre la raza humana, sobre la mujer y sobre el hijo, aislados, fuera de nosotras" *(El voto femenino y yo,* Madrid: Editorial Horas, 2006, p. 107).

3. La construcción social de la realidad

☞ HILO CONDUCTOR

Para seguir adquiriendo conocimientos en materia de igualdad, Teresa está indagando sobre las teorías que han contribuido a la construcción del término "género", de gran importancia por su uso habitual en este ámbito.

A la hora de hablar de género hay que tener claro que dicho término se refiere al conjunto de características sociales, culturales, políticas, psicológicas, jurídicas y económicas asignadas a las personas de forma diferenciada en función de su sexo.

La palabra **género** posee distintas dimensiones: social, económica, subjetiva y política, lo que implica **pertenecer al sexo femenino o masculino determina una serie de roles impuestos por la sociedad,** marcando las pautas que seguir por ambos sexos; dichos roles, denominados "de género", se han ido estableciendo por cultura, tradición y conveniencia.

El símbolo que encarna al sexo femenino ya hace alusión a su inferioridad (mira hacia abajo) y a la maternidad (la cruz representa la matriz).

La **construcción del género** depende y se interrelaciona con otras condiciones que existen en la vida de cada persona como, por ejemplo, la cultura, la etnia, la clase social, la edad, la comunidad religiosa, el planteamiento político y la historia de la comunidad o la familia. Esta construcción del género refuerza determinadas características. Así, dependiendo del género al que pertenezca una persona, se corresponderá con una identidad concreta, dando lugar finalmente a **estereotipos.**

Existen diversas teorías sobre la construcción y la interacción de lo que se conoce como **género,** aunque tradicionalmente se han seguido dos líneas argumentales:

_____

3.1. Teorías cognitivas

Las teorías cognitivas se centran en el estudio de los **procesos internos que conducen al aprendizaje.** El interés fundamental de estas teorías recae en los fenómenos y los procesos internos que se producen en el individuo cuando aprende, en cómo accede a la información y en cómo dicha información se transforma en el individuo.

IMPORTANTE

El elemento central en la construcción de la identidad de género es la autocategorización, grupo de características en el que cada una de ellas es necesaria, y el conjunto de todas, suficiente para identificar a uno mismo como diferente del resto de personas.

- -

Dentro de estas teorías se diferencian **dos líneas de trabajo** basadas en:

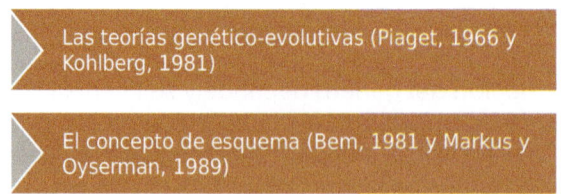

Las teorías genético-evolutivas (Piaget, 1966 y Kohlberg, 1981)

El concepto de esquema (Bem, 1981 y Markus y Oyserman, 1989)

A continuación, se desarrollan cada una de las líneas de trabajo en las que están basadas las teorías cognitivas.

Teorías genético-evolutivas

Según esta teoría, existen **tres etapas** en el desarrollo de la propia asignación grupal. De acuerdo con Kohlberg (1981) y siguiendo los estadios de Piaget (1966):

- ⮩ **Etiquetaje:** la primera etapa supone la categorización de uno mismo y de los demás en dos grupos diferentes: hombres y mujeres.
- ⮩ **Estabilidad:** más tarde la niña o el niño comprenden que esa categoría a la que pertenece se mantiene a pesar de los cambios superficiales, como ropas o adornos.
- ⮩ **Constancia de género:** por último, se asimila la constancia de género a pesar de que la situación varíe.

NOTA

Piaget establece la **epistemología genética** como el estudio del conocimiento humano desde una perspectiva **evolutiva y diacrónica,** que pretende conocer cómo el conocimiento aumenta tanto en el nivel de la especie como en el del individuo, cómo el hombre origina y acumula históricamente conocimientos y cómo tiene lugar la formación de conocimiento en la infancia.

Concepto de esquema

Según **Huston** (1983), el **esquema,** concepto desarrollado por la corriente del procesamiento de la información, es la estructura que orienta y organiza las percepciones de las personas.

Para **Martin** y **Halverson** (1983), una vez que alguien se autocategoriza como hombre o como mujer, procesa e interpreta la información según su pertenencia grupal, siendo el **contexto** el que determina qué es lo adecuado para cada género.

Atendiendo a las ideas que sobre el **autoconcepto** tienen **Markus** y **Sandra Bem,** se visualiza la postura de cada uno. Así:

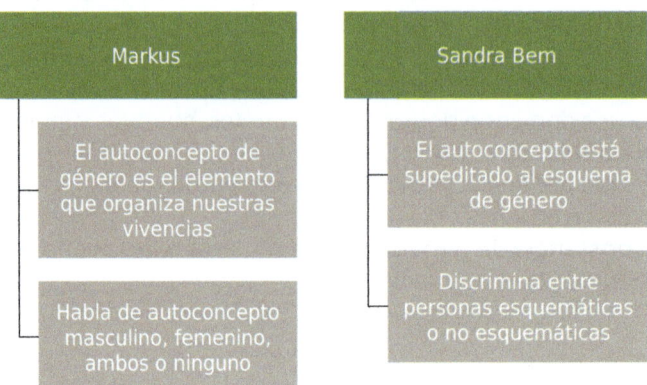

SABÍAS QUE...

Según establece Sandra Bem (1981), la persona esquemática desentraña la realidad siguiendo exactamente los constructos de género; de lo contrario, la persona no esquemática o andrógina actúa e interpreta su entorno con independencia de estos constructos de género establecidos por la sociedad en la que vive.

3.2. Teorías del aprendizaje

Las teorías del aprendizaje consideran que todos **los esquemas de roles son aprendidos** y que **la sociedad es la responsable** de cualquier idea o conducta que enseñe al niño o la niña sobre el rol que debe representar según el género. Padres y madres, compañeros/as y maestros/as tienden más a gratificar unas conductas frente a otras dependiendo del género.

EJEMPLO

Cuando los padres recompensan a sus hijos varones por el hecho de no llorar si se han hecho daño.

- -

Los teóricos del aprendizaje social como **Bandura** (1979) establecen que los niños y las niñas aprenden mucho sobre su género y conducta moral mediante la **observación** de otras personas, especialmente de aquellas que perciben como cariñosas, poderosas y parecidas a ellos y ellas. Los padres y las madres constituyen **modelos** importantes durante la infancia, aunque también influyen los modelos del entorno del niño o la niña. No sorprende que en preescolar las niñas y los niños parecen extrañamente precoces y dogmáticos a la hora de ser conscientes de los roles del género.

 PARA SABER MÁS

La teoría del aprendizaje social de Albert Bandura es una de las más destacadas en este campo. En el siguiente enlace podrás acceder al blog Psicoactiva, donde se reflexiona sobre ella:

https://redirectoronline.com/adgd204po0102

- -

APLICACIÓN PRÁCTICA

El sobrino de Ángel, de cinco años, se niega rotundamente a ponerse una camiseta de color rosa, ya que dice que ese color es de niña y que

Continúa en página siguiente >>

<< Viene de página anterior

él no es una niña, por lo que no piensa ponérsela. Según una de las teorías del constructo social, esta hostilidad se debe al dogmatismo que se produce en el niño a la edad preescolar. ¿De qué teoría estamos hablando?

Solución

Según afirman las teorías del aprendizaje, la negativa de un niño de cinco años a utilizar ropa de un color relacionado con el género femenino es debida a la inmovilidad y el dogmatismo que se produce en el niño en la edad preescolar, ya que su constructo de género está en plena formación. En esta fase, los colores asignados a cada género están muy arraigados, por lo que para el niño utilizar ropa de color rosa implica que puedan pensar que es una niña o un niño con gustos de niña, lo cual va en contra de su mundo y le resulta inaceptable. Él no es una niña y no le gustan las cosas de niña, por lo tanto no se va a poner nada rosa, es decir, nada de niña.

- -

Según **Sigmund Freud,** las teorías psicoanalíticas se basan en que los **procesos psíquicos inconscientes** presentan una concepción ampliada de la sexualidad, de sus relaciones con el acontecer psíquico y de su reflejo en la sociedad. Freud explica su **teoría de la adquisición de los roles masculino y femenino** según:

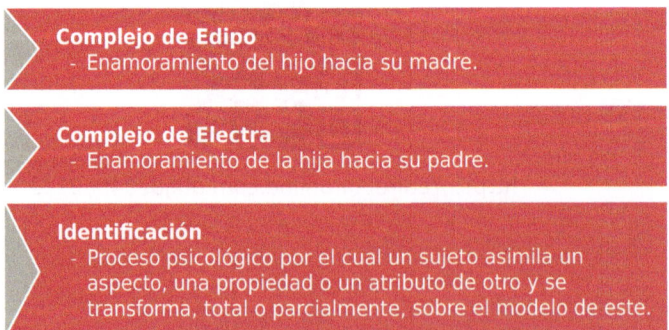

Complejo de Edipo
- Enamoramiento del hijo hacia su madre.

Complejo de Electra
- Enamoramiento de la hija hacia su padre.

Identificación
- Proceso psicológico por el cual un sujeto asimila un aspecto, una propiedad o un atributo de otro y se transforma, total o parcialmente, sobre el modelo de este.

Las consecuencias de estas tres circunstancias tanto para chicas como para chicos son culpabilidad y miedo, que se resuelven gracias a la adopción por parte del niño y la niña de una conducta apropiada al género y del código moral del progenitor del mismo sexo.

PARA SABER MÁS

Como ya sabes, la teoría de la adquisición de los roles masculino y femenino se basa, entre otras, en los complejos de Edipo y de Electra. En el siguiente enlace podrás visualizar una noticia interesante sobre ellos:

https://redirectoronline.com/adgd204po0103

4. La figura del agente de igualdad de oportunidades

 HILO CONDUCTOR

Ante la insistencia de Teresa en llevar a cabo la implantación de un plan de igualdad en la empresa Parcela 51, esta ha decidido realizar una selección de personal para ocupar el puesto del agente de igualdad de oportunidades, figura que debe estar muy implicada en esta tarea.

Esta figura surge como respuesta al cumplimiento de acuerdos políticos adoptados en materia de igualdad. En 1980 España ratifica la Carta Social Europea de 1961, en la que se recoge la **igualdad de trato entre mujeres y hombres.** No obstante, la publicación de directivas europeas, resoluciones comunitarias y normativas autonómicas han ido dando importancia a la igualdad de género en nuestro país, lo que propició la entrada en vigor de la Ley Orgánica 3/2007, de 22 de marzo, para la igualdad efectiva de mujeres y hombres.

 **PARA SABER MÁS**

A través de los siguientes enlaces podrás acceder a la Carta Social Europea de 1961 y a la Ley Orgánica 3/2007, de 22 de marzo, para la igualdad efectiva de mujeres y hombres.

https://redirectoronline.com/adgd204po0104

https://redirectoronline.com/adgd204po0105

- -

La figura del agente de igualdad de oportunidades recae en un perfil profesional capaz de **gestionar programas, proyectos y campañas de acción positiva** relacionados con la igualdad de oportunidades y de género. No ejerce sus funciones en un área concreta de la organización, sino que **abarca diferentes áreas y escenarios profesionales.**

El importante grado de especialización en igualdad que posee el agente beneficia el logro de objetivos en términos de equidad.

NOTA

La figura del agente es recomendable que esté ocupada por personal con titulaciones universitarias relacionadas con el ámbito de la pedagogía, psico-pedagogía, psicología, sociología y formación en igualdad de género, así como estudios de género, estudios feministas y políticas públicas de igualdad.

- -

Las **funciones** que ejerce la figura del agente de igualdad en la organización son:

Funciones

- Analizar y examinar en la organización la realidad en materia de igualdad de género.
- Gestionar los planes de igualdad implicando a las distintas áreas que intervienen, a los agentes sociales y a los organismos pertinentes.
- Diseñar, promover y evaluar la incorporación progresiva de la perspectiva de género.
- Crear y aplicar programas de sensibilización, información y formación en materia de igualdad.
- Potenciar la participación socio-política de las asociaciones femeninas y de los colectivos vulnerables.
- Apoyar, asesorar y formar al equipo de trabajo.

IMPORTANTE

La figura del agente de igualdad se implica en todas las etapas del proceso del plan de igualdad: compromiso, diagnóstico, diseño, implantación y seguimiento.

- -

Las **competencias profesionales** que reúnen los agentes de igualdad se agrupan en las siguientes categorías:

Técnicas (saber - saber aprender):

- Conocer técnicas de investigación y análisis, y modelos de intervención.
- Analizar y reflexionar sobre la realidad; integrar experiencias y contextos; anticiparse a las realidades emergentes.
- Conocer los aspectos histórico-antropológicos, socioeconómicos, psicosociales y biológicos del género y los político-legislativos que afectan al principio de igualdad.
- Conocer las políticas de igualdad de oportunidades entre hombres y mujeres.
- Conocer todas las instituciones públicas y privadas de atención a la igualdad de oportunidades.
- Identificar contextos de intervención para la implementación de acciones positivas.
- Conocer metodologías, técnicas de intervención y evaluación que puedan ser aplicables.

Metodológicas (saber hacer):

- Gestionar programas, proyectos y recursos (materiales y humanos).
- Ser capaz de adaptarse a situaciones y contextos distintos, y de resolver problemas con autonomía.
- Manejar nuevas tecnologías, técnicas e instrumentos validados.
- Investigar sobre la problemática de desigualdad y evaluar las necesidades.
- Asesorar e informar sobre medidas de acción positiva (iniciativas y legislación).
- Asesorar para prevenir y corregir situaciones de marginación de las mujeres y evaluar las prácticas desde la perspectiva de género.
- Animar y promover campañas y acciones de sensibilización en materia de igualdad.
- Diseñar, implementar, gestionar y evaluar acciones positivas y planes de igualdad, coordinando los distintos organismos y agentes implicados.
- Actuar como mediador/a en asuntos referentes a la igualdad de oportunidades.
- Realizar actividades de formación, animación y sensibilización.
- Diseñar materiales informativos y de promoción de la igualdad de género.

Participativas (saber ser - hacer saber):

- Trabajar en equipo.
- Asumir responsabilidades.

- ⇒ Hacer propuestas creativas.
- ⇒ Actuar de manera crítica.
- ⇒ Compartir conocimientos, recursos e ideas.
- ⇒ Implicarse en procesos de mejora.
- ⇒ Poseer convicción.
- ⇒ Saber coordinar acciones y equipos.
- ⇒ Actuar solidariamente.
- ⇒ Empatía y honradez.

Sociales (saber estar):

- ⇒ Respetar las aportaciones de los demás.
- ⇒ Ser sociable.
- ⇒ Comunicarse asertivamente.
- ⇒ Introducir nuevos valores.
- ⇒ Naturalizar la igualdad.

 SABÍAS QUE...

En la actualidad no solo los centros de formación ofrecen estudios en esta materia, sino que cada vez más los organismos públicos, e incluso las organizaciones privadas, promueven acciones formativas con el fin de incorporar al mundo laboral el buen hacer de esta figura y así conseguir la igualdad efectiva de oportunidades. Concretamente, la UNED ofrece cursos de posgrado en esta materia, tal como Agentes de Igualdad: Políticas, Planes, Programas e Intervenciones.

 TAREA 1

En la empresa de Pedro se ha incorporado un nuevo trabajador que va a ejercer la función de agente de igualdad de oportunidades. El resto de la plantilla no sabe muy bien cuáles son sus funciones y qué competencias ejercerá en la empresa.

Elabora un mapa conceptual con las principales funciones y competencias de esta figura profesional, realizando una breve descripción de ellas.

5. Resumen

Los distintos movimientos reivindicativos que se han sucedido a lo largo de la historia relacionados con la igualdad tienen como protagonistas a mujeres de distintos países: **Olimpia de Gouges** o **Marie de Gournay** en Francia, **Mary Wollstonecraft** en el mundo anglosajón o **Clara Campoamor** en España. Todas ellas lucharon contra los roles asignados por la sociedad y reclamaron ciertos derechos denegados por ser mujeres.

Los movimientos que dieron visibilidad al **movimiento feminista** son:

La Ilustración

El sufragio universal

Las corrientes feministas de los años sesenta

La palabra **género,** muy habitual en materia de igualdad, tiene distintas dimensiones (social, económica, subjetiva y política), lo que significa que pertenecer a uno de los dos sexos determina una serie de roles impuestos por la sociedad, que marcan sus pautas.

Las dos líneas argumentales que siguen el constructo social son:

a. **Teorías cognitivas:** su objetivo es conocer los fenómenos y los procesos internos que se producen en el individuo en el proceso de aprendizaje, en cómo accede a la información y en cómo se transforma. Entre ellas están:

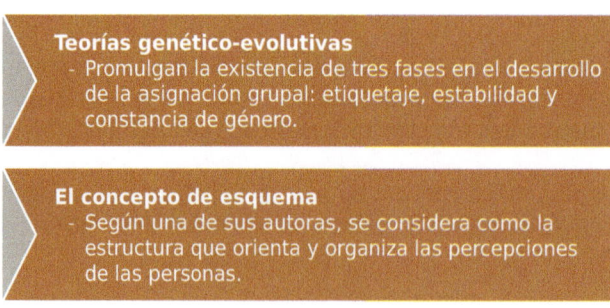

Teorías genético-evolutivas
- Promulgan la existencia de tres fases en el desarrollo de la asignación grupal: etiquetaje, estabilidad y constancia de género.

El concepto de esquema
- Según una de sus autoras, se considera como la estructura que orienta y organiza las percepciones de las personas.

b. **Teorías del aprendizaje:** postulan que los esquemas de roles son aprendidos y hace responsable a la sociedad de las conductas de los niños
y niñas según el rol que deben representar por su género. La teoría de
la adquisición de roles masculino y femenino de Sigmund Freud está
basada en:

| Complejo de Edipo | Complejo de Electra | Identificación |

El **agente de igualdad de oportunidades** es aquel profesional que puede
gestionar programas, proyectos y campañas de acción positiva en materia
de igualdad de oportunidades y de género. Sus funciones van desde el análisis de la realidad y la gestión de planes de igualdad hasta la creación y
aplicación de programas de sensibilización y el impulso de la participación
socio-política de asociaciones.

Las competencias que se le requieren al profesional que ejerza la figura de
agente de igualdad se agrupan en:

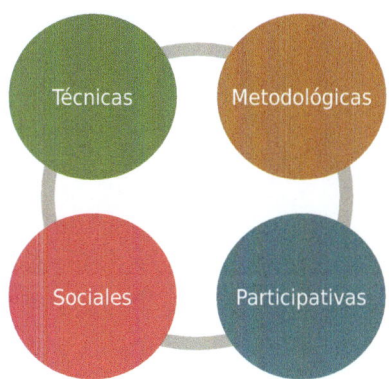

Ejercicios de autoevaluación
Unidad de Aprendizaje 1

1. Indica si la siguiente afirmación es verdadera o falsa: "Marie de Gournay defendió en sus obras una sociedad patriarcal".

   ■ Verdadero
   ■ Falso

2. ¿En qué etapa o hecho de la historia se vislumbra los primeros movimientos feministas?

   a. En las corrientes feministas de los años sesenta.
   b. En el sufragio universal.
   c. En la Ilustración.
   d. En la etapa del feminismo marxista.

3. De entre las dimensiones que tiene el término "género", ¿cuáles de las siguientes son algunas?

   a. Social
   b. Fisiológica
   c. Objetiva
   d. Subjetiva

4. Indica si la siguiente afirmación es verdadera o falsa: "Las teorías en las que se basa la construcción del género son las teorías cognitivas y las teorías de aprendizaje".

   ■ Verdadero
   ■ Falso

5. ¿Cuál es la teoría que se centra en los procesos internos que llevan al aprendizaje?

   a. Teoría de aprendizaje.
   b. Teoría de la evolución.
   c. Teoría de la identificación.
   d. Teoría cognitiva.

6. ¿En qué etapa de la teoría genético-evolutiva el individuo entiende que la categoría a la que pertenece continúa a pesar de los cambios?

    a. Etiquetaje
    b. Estabilidad
    c. Constancia
    d. Permanencia

7. Indica si la siguiente afirmación es verdadera o falsa: "La teoría de la adquisición de roles de Freud solo se basa en el complejo de Edipo y en el complejo de Electra".

    ■ Verdadero
    ■ Falso

8. Indica si la siguiente afirmación es verdadera o falsa: "El agente de igualdad de oportunidades se implica solo en la etapa de implantación del plan de igualdad".

    ■ Verdadero
    ■ Falso

9. ¿Cuáles son competencias participativas del agente de igualdad?

    a. Trabajar en equipo.
    b. Manejar nuevas tecnologías, técnicas e instrumentos.
    c. Implicarse en procesos de mejora.
    d. Conocer las políticas de igualdad de oportunidades entre hombres y mujeres.
    e. Actuar de manera crítica y de forma solidaria.

10. Indica si la siguiente afirmación es verdadera o falsa: "Entre las funciones del agente de igualdad de oportunidades están la creación de programas de sensibilización, el fomento de la participación socio-política de las asociaciones femeninas y la evaluación de la incorporación progresiva de la perspectiva de igualdad".

    ■ Verdadero
    ■ Falso

Bases legales de la igualdad

Contenido

Objetivos

El objetivo general de esta Unidad de Aprendizaje es:

→ Conocer las bases legales del ordenamiento jurídico español en materia de igualdad.

El objetivo específico de esta Unidad de Aprendizaje es:

→ Saber interpretar y aplicar la Ley Orgánica 3/2007, de 22 de marzo, para la igualdad efectiva de mujeres y hombres, y demás normativa relacionada con este ámbito.

1. Introducción

En nuestro país, la promulgación del derecho a la igualdad entre hombres y mujeres tiene su base en la **Constitución española.** Aunque de una forma muy general, es en esta norma legal donde se indicó que "Los españoles son iguales ante la ley, sin que pueda prevalecer discriminación alguna por razón de nacimiento, raza, sexo, religión, opinión o cualquier otra condición o circunstancia personal o social".

Con el paso del tiempo se fue comprobando que la legislación existente en materia de igualdad entre mujeres y hombres estaba resultando insuficiente. Por este motivo, fue necesaria la elaboración de una norma legal dirigida, por un lado, a suprimir las acciones que todavía persistían en relación a la discriminación por razón de sexo; y por otro, a la promoción de la igualdad real entre mujeres y hombres. Así, España cuenta desde 2007 con la **Ley Orgánica 3/2007, de 22 de marzo, para la igualdad efectiva de mujeres y hombres.**

A nivel internacional y europeo se han aunado esfuerzos para conseguir que el principio de igualdad entre mujeres y hombres, en los distintos ámbitos de la vida, sea efectivamente una realidad.

Para conocer las normas nacionales e internacionales que tratan la igualdad de género, en esta ocasión, nos basaremos en cómo el agente de igualdad de oportunidades seleccionado en la empresa Parcela 51 ha dedicado parte de su trayectoria profesional a conocer las normas legales en este ámbito.

2. La igualdad formal

 HILO CONDUCTOR

El agente de igualdad de la empresa Parcela 51 trabajó anteriormente como trabajador social en una asociación vecinal de su localidad. Desde el primer momento en que se publicó la Ley de igualdad en 2007 ha dedicado parte de su tiempo a analizarla, por lo que conoce la norma muy bien y sabe aplicarla correctamente.

La **igualdad formal** hace referencia a aquella que está **regulada en las normas legales.** El artículo 14 de la Constitución española (CE) promueve la igualdad ante la ley y la no discriminación por razón de sexo. Asimismo, por medio de su artículo 9.2 obliga a los poderes públicos a favorecer las condiciones necesarias para conseguir que la igualdad sea real y efectiva. En España, la normativa específica que regula la igualdad entre mujeres y hombres es la **Ley Orgánica 3/2007, de 22 de marzo.**

Con el paso del tiempo el derecho a la igualdad y a la no discriminación por razón de sexo ha sido reconocido como un **principio jurídico universal.** Las diversas convenciones, conferencias mundiales, tratados, etc., de los que ha sido objeto han permitido avanzar en esta materia consiguiendo que sea un objetivo que integrar en las políticas de la Unión Europea.

La igualdad entre mujeres y hombres es un principio fundamental en la Unión Europea.

La igualdad entre mujeres y hombres, considerada como principio jurídico universal, se encuentra recogida en algunos textos internacionales sobre derechos humanos, tales como:

Convención sobre la eliminación de todas las formas de discriminación contra la mujer (Asamblea General de Naciones Unidas, 1979)	Conferencias mundiales sobre la mujer (Ciudad de México 1975, Copenhague 1980, Nairobi 1985 y Beijing 1995)

 **PARA SABER MÁS**

Puedes consultar el contenido de estos textos internacionales a través de los siguientes enlaces:

Convención Asamblea General de Naciones Unidas	**Conferencias mundiales sobre la mujer**

https://redirectoronline.com/adgd204po0201	*https://redirectoronline.com/adgd204po0202*

Desde que se aprobó el **Tratado de Ámsterdam** (1 de mayo de 1999) es prioritaria, en las políticas y acciones de la Unión Europea y de sus miembros, la integración de la igualdad entre mujeres y hombres y la supresión de desigualdades entre ambos sexos.

La **normativa europea** que se ha ido publicando a lo largo de los años en relación a esta materia incluye, entre otras normas, las siguientes:

- **Directiva 79/7/CEE del Consejo, de 19 de diciembre de 1978:** aplicar de forma progresiva el principio de igualdad de trato entre hombres y mujeres en materia de seguridad social.
- **Directiva 2000/78/CE del Consejo, de 27 de noviembre de 2000:** establecer un marco general para luchar contra la discriminación por motivos de religión o convicciones, de discapacidad, de edad o de orientación sexual en el ámbito del empleo y la ocupación, con el fin de que en los estados miembros se aplique el principio de igualdad de trato.
- **Directiva del Consejo 2004/113/CE, de 13 de diciembre de 2004:** crear un marco para combatir la discriminación sexual en el acceso a bienes y servicios y su suministro, con vistas a que entre en vigor en los estados miembros el principio de igualdad de trato entre hombres y mujeres.

- **Directiva 2006/54/CE del Parlamento Europeo y del Consejo, de 5 de julio de 2006:** garantizar la aplicación del principio de igualdad de oportunidades e igualdad de trato entre hombres y mujeres en asuntos de empleo y ocupación, relativo a: acceso al empleo (incluida la promoción) y a la formación profesional; condiciones de trabajo, incluida la retribución, y regímenes profesionales de Seguridad Social.
- **Reglamento (CE) n.º 1922/2006 del Parlamento Europeo y del Consejo, de 20 de diciembre de 2006:** crear un Instituto Europeo de la Igualdad de Género.
- **Directiva 2010/41/UE del Parlamento Europeo y del Consejo, de 7 de julio de 2010:** hacer efectivo en los estados miembros el principio de igualdad de trato entre los hombres y las mujeres que ejercen una actividad autónoma o contribuyen al ejercicio de una actividad de ese tipo, en relación con aquellos ámbitos que no están cubiertos por las Directivas 2006/54/CE y 79/7/CEE.
- **Directiva (UE) 2022/2381, del Parlamento Europeo y del Consejo de 23 de noviembre de 2022:** lograr una representación más equilibrada de mujeres y hombres entre los administradores de las sociedades cotizadas con medidas eficaces dirigidas a conseguir el equilibrio de género.
- **Directiva (UE) 2023/970, del Parlamento Europeo y del Consejo, de 10 de mayo de 2023:** reforzar la aplicación del principio de igualdad de retribución entre hombres y mujeres por un mismo trabajo o un trabajo de igual valor, a través de medidas de transparencia retributiva y de mecanismos para su cumplimiento.
- **Directiva (UE) 2024/1500, del Parlamento Europeo y del Consejo, de 14 de mayo de 2024:** establecer normas relativas a los organismos de igualdad en el ámbito de la igualdad de trato y la igualdad de oportunidades entre mujeres y hombres en materia de empleo y ocupación.

PARA SABER MÁS

La página web de las fichas temáticas sobre la UE incluye diversos apartados con ámbitos de análisis distintos. En las políticas sociales y de empleo hay una ficha dedicada a la igualdad entre hombres y mujeres. Puedes acceder al siguiente enlace para visualizarla:

Continúa en página siguiente >>

<< Viene de página anterior

https://redirectoronline.com/adgd204po0203

Cuando se habla de igualdad se utilizan diversos términos que, aun pareciendo iguales, presentan diferencias. No es lo mismo **igualdad formal** que **igualdad real** o **equidad de género.** Por ello, se considera...

Igualdad formal
- Tratamiento de la igualdad en las normas legales del ordenamiento jurídico.

Igualdad real
- Igualdad efectiva, es decir, la igualdad puesta en práctica en la sociedad.

Equidad de género
- Es el reconocimiento a la diversidad. Conseguir la igualdad manteniendo el reconocimiento de la diferencia social que caracteriza a cada individuo.

 **SABÍAS QUE...**

El **Instituto Europeo de la Igualdad de Género** es un organismo cuya función es proporcionar datos que apoyen la igualdad de género tanto dentro como fuera de la UE. Entre sus acciones cuenta con investigaciones, estudios, elaboración de índices, estadísticas, etc., encaminadas a hacer realidad la igualdad de género.

ACTIVIDAD COMPLEMENTARIA

2. Analiza y explica el significado de la frase "Igualdad formal no implica igualdad real".

- -

3. La negociación colectiva como herramienta para la igualdad

☞ **HILO CONDUCTOR**

El agente de igualdad de la empresa Parcela 51 va a formar parte del proceso de negociación, de las condiciones de trabajo que se va a llevar a cabo entre la dirección y los representantes de las personas trabajadoras. Aunque conoce cuál es su papel en esta negociación, necesita estar al tanto de la base legal que va a respaldar sus propuestas.

- -

Las relaciones laborales que se establecen entre el personal y la empresa se regulan por medio de la **negociación colectiva** entre los representantes de ambas partes, que debe tender a establecer convenios que regulen las condiciones de trabajo.

 DEFINICIÓN

Negociación colectiva
La negociación colectiva se define como el proceso de diálogo entre los representantes de las personas trabajadoras y de la empresa, con la finalidad de elaborar un convenio colectivo.

- -

La naturaleza colectiva de la relación laboral debe conseguir que sus representantes colectivos lleguen a acuerdos que impliquen a la totalidad de las partes. Estos acuerdos son la base de los **convenios colectivos** que se definen como aquellos suscritos por los representantes de las personas trabajadoras y de los empresarios y empresarias para fijar las condiciones de trabajo y productividad en un ámbito determinado, consiguiendo así la paz laboral mediante el cumplimiento de las obligaciones que se pacten.

La negociación colectiva debe propiciar que en la empresa se encuentren integradas de igual forma trabajadoras y trabajadores.

La base legal para que la negociación colectiva sea un instrumento de diálogo social adecuado en materia de igualdad es la **Ley Orgánica de igualdad efectiva entre mujeres y hombres** (Ley Orgánica 3/2007 de 22 de marzo, LOIEMH), el **Estatuto de los Trabajadores** (Real Decreto Legislativo 2/2015 de 23 de octubre, ET) y la Ley 15/2022, de 12 de julio, integral para la igualdad de trato y la no discriminación.

La ley de igualdad remite a la legislación laboral, en cuanto a la aplicación de medidas en la negociación colectiva. Así, establece lo siguiente:

Ley Orgánica 3/2007	
- Según el art. 43, en la negociación colectiva se debe fijar medidas de acción positiva para favorecer el acceso de las mujeres al empleo y la aplicación del principio de igualdad en las condiciones de trabajo.	- El art. 45.1 establece que las empresas tienen la obligación de respetar la igualdad de trato y de oportunidades en el ámbito laboral y la de adoptar medidas para evitar cualquier tipo de discriminación laboral. Estas medidas tienen que ser negociadas con los representantes legales de los trabajadores y trabajadoras según la normativa laboral.

El Estatuto de los Trabajadores está considerado como la normativa laboral principal, e incluye en su articulado varias referencias a la adopción de **medidas y acciones positivas** en el seno de la negociación colectiva. Estas medidas y acciones son:

Estatuto de los Trabajadores		
- **Art. 17.4:** En la negociación colectiva, como medida para favorecer el acceso de las mujeres a todas las profesiones y favorecer la clasificación profesional, promoción y formación, se pueden regular acciones encaminadas a establecer reservas y preferencias en las condiciones de contratación para que sean contratadas las personas del sexo menos representado en el grupo profesional de que se trate.	- **Art. 85.1:** En la negociación de los convenios colectivos, se deben negociar medidas para promover la igualdad de trato y oportunidades entre mujeres y hombres en el ámbito laboral, o los planes de igualdad según lo previsto en la LOIEMH.	- **Art. 90.6:** La autoridad laboral será la encargada de vigilar el respeto al principio de igualdad en los convenios colectivos que pudieran incluir discriminaciones, directas o indirectas, por razón de sexo.

Dichas medidas tienen tres características:

- Son **temporales,** ya que solo serán aplicadas hasta que desaparezca la situación de desigualdad.
- Son **razonables,** porque van en la línea de lo que se pretende conseguir con ellas.
- Son **proporcionadas** con el objetivo planificado.

El artículo 10 de la Ley 15/2022, de 12 de julio, regula la prohibición de establecer aspectos discriminatorios en la negociación colectiva de los distintos puntos que recogen los convenios colectivos. Así mismo, a través de la negociación colectiva se pueden determinar medidas de acción positiva para contribuir a la prevención, eliminación y corrección de las distintas formas de discriminación que puedan existir en el ámbito del empleo. Entre ellas, se encuentra la creación de instrumentos de información y evaluación periódica, por parte de los agentes implicados en la negociación.

APLICACIÓN PRÁCTICA

María trabaja como auxiliar de enfermería en un centro hospitalario privado. La dirección del centro ha decidido abrir una planta de salud mental y María ha comunicado su interés en ocupar una de las plazas de auxiliar en esa nueva área. Sin embargo, el Departamento de Recursos Humanos le ha respondido con una negativa, alegando que prefieren hombres, ya que el trato con este tipo de pacientes es complejo desde el punto de vista físico y psíquico. ¿Qué normativa en materia de igualdad puede María consultar para negociar con el centro hospitalario su propuesta?

Solución

María se encuentra ante una situación de desigualdad por razón de sexo ante las alegaciones por la negativa a su nuevo puesto de trabajo. Para negociar con el centro hospitalario su propuesta puede consultar principalmente la Ley Orgánica 3/2007, de 22 de marzo, sobre la igualdad efectiva entre mujeres y hombres. Sin embargo, también se ve amparada por diversas directivas europeas y otras normas nacionales como el Estatuto de los Trabajadores.

El proceso de negociación de las condiciones de trabajo en la empresa cuenta todavía con matices que reflejan ciertas conductas machistas, tales como la presencia de estereotipos de género, la poca participación femenina, el tratamiento de la igualdad como poco relevante, etc.

Por este motivo, las normas legales establecen que en la **negociación colectiva** hay que trabajar desde la **perspectiva de género.** Algunos de los ámbitos que hay que tratar bajo esta perspectiva son:

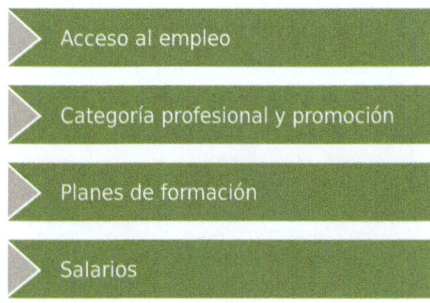

Acceso al empleo

Categoría profesional y promoción

Planes de formación

Salarios

Continúa en página siguiente >>

<< Viene de página anterior

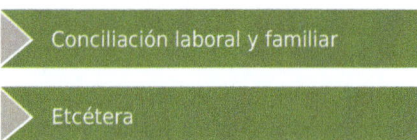

> Conciliación laboral y familiar

> Etcétera

IMPORTANTE

El Real Decreto legislativo 5/2000, de 4 de agosto, que regula la Ley sobre infracciones y sanciones en el orden social, establece en sus artículos 7.13 y 8.17 las infracciones graves y muy graves por incumplimiento de las obligaciones en materia de igualdad.

---

4. La Ley Orgánica 3/2007 o ley de igualdad

☞ HILO CONDUCTOR

El agente de igualdad pone toda su atención en los artículos que componen Ley Orgánica 3/2007, ya que según ella tiene que elaborar el plan de igualdad para la empresa Parcela 51.

En España, la ley que regula el principio de igualdad de trato entre hombres y mujeres es la **Ley Orgánica 3/2007, de 22 de marzo, para la igualdad efectiva de mujeres y hombres (LOIEMH),** resultante de la transposición de dos directivas europeas:

Directiva 2002/73/CE, de reforma de la Directiva 76/207/CEE, relativa a la aplicación del principio de igualdad de trato entre hombres y mujeres en lo que se refiere al acceso al empleo, a la formación y a la promoción profesionales, y a las condiciones de trabajo.	Directiva 2004/113/CE, sobre aplicación del principio de igualdad de trato entre hombres y mujeres en el acceso a bienes y servicios y su suministro.

 **NOTA**

La Directiva 2002/73/CE fue derogada posteriormente por la Directiva 2006/54/CE del Parlamento Europeo y del Consejo, de 5 de julio de 2006, relativa a la aplicación del principio de igualdad de oportunidades e igualdad de trato entre hombres y mujeres en asuntos de empleo y ocupación (refundición).

El objeto de esta ley es, según su artículo 1, "... hacer efectivo el derecho de igualdad de trato y de oportunidades entre mujeres y hombres, en particular mediante la eliminación de la discriminación de la mujer, sea cual fuere su circunstancia o condición, en cualesquiera de los ámbitos de la vida y, singularmente, en las esferas política, civil, laboral, económica, social y cultural...".

La LOIEMH está compuesta por 78 artículos, repartidos en 9 títulos, y numerosas disposiciones entre adicionales, transitorias, derogatorias y finales. El desarrollo normativo de la ley se centra principalmente en sus títulos, los cuales regulan disposiciones en materia de igualdad.

- **Título preliminar:** objeto y ámbito de aplicación de la ley.
- **Título I:** definición de conceptos y categorías jurídicas; las consecuencias jurídicas de conductas discriminatorias, y el refuerzo a la protección judicial del derecho de igualdad.
- **Título II:** pautas generales de actuación de los poderes públicos en relación con la igualdad y criterios de orientación de las políticas públicas en materia de educación, cultura y sanidad.
- **Título III:** medidas de fomento de la igualdad en los medios de comunicación social e instrumentos de control en publicidad.
- **Título IV:** políticas y medidas para garantizar el derecho al trabajo en igualdad de condiciones.
- **Título V:** regulación del principio de igualdad en el empleo público, presencia equilibrada de mujeres y hombres en los órganos de la Administración General y medidas de igualdad en el empleo.
- **Título VI:** regulación de la igualdad de trato en el acceso a bienes y servicios, en especial los seguros.
- **Título VII:** regulación del uso con fines publicitarios de acciones de responsabilidad social en materia de igualdad, por parte de las empresas.
- **Título VIII:** disposiciones organizativas, con la creación de una Comisión Interministerial de Igualdad entre mujeres y hombres.

SABÍAS QUE...

A través de la Disposición Transitoria Decimosegunda de la Ley Orgánica 3/2007, se estableció la aplicación paulatina de los planes de igualdad en la empresa.

La Ley Orgánica 3/2007 se considera una de las principales normas de nuestra legislación en materia de igualdad, aunque también existen otras normas que la complementan. Es importante destacar que las comunidades autónomas tienen potestad para promulgar normas legales de ámbito autonómico en relación a la igualdad.

Entre otras normas nacionales y autonómicas, están:

➲ Normativa nacional

- Real Decreto 1686/2000, de 6 de octubre, por el que se crea el Observatorio de la Igualdad de Oportunidades entre mujeres y hombres.
- Ley 30/2003, de 13 de octubre, sobre medidas para incorporar la valoración del impacto de género en las disposiciones normativas que elabore el Gobierno.
- Ley 11/2018 de 28 de diciembre, por la que se modifica el Código de Comercio, el texto refundido de la Ley de Sociedades de Capital aprobado por el Real Decreto Legislativo 1/2010, de 2 de julio, y la Ley 22/2015, de 20 de julio, de Auditoría de Cuentas, en materia de información no financiera y diversidad.
- Real Decreto-ley 6/2019, de 1 de marzo, de medidas urgentes para garantía de la igualdad de trato y de oportunidades entre mujeres y hombres en el empleo y la ocupación.
- Real Decreto 902/2020, de 13 de octubre, de igualdad retributiva entre mujeres y hombres.
- Real Decreto 901/2020, de 13 de octubre, por el que se regulan los planes de igualdad y su registro y se modifica el Real Decreto 713/2010, de 28 de mayo, sobre registro y depósito de convenios y acuerdos colectivos de trabajo.
- Ley 15/2022, de 12 de julio, integral para la igualdad de trato y la no discriminación.
- Ley Orgánica 6/2022, de 12 de julio, complementaria de la Ley 15/2022, de 12 de julio, integral para la igualdad de trato y la no discriminación, de modificación de la Ley Orgánica 10/1995, de 23 de noviembre, del Código Penal.

- Ley Orgánica 10/2022, de 6 de septiembre, de garantía integral de la libertad sexual (art. 12).
- Ley Orgánica 2/2024, de 1 de agosto, de representación paritaria y presencia equilibrada de mujeres y hombres.
- Orden PCM/1047/2022, de 1 de noviembre, por la que se aprueba y se publica el procedimiento de valoración de los puestos de trabajo previsto en el Real Decreto 902/2020, de 13 de octubre, de igualdad retributiva entre mujeres y hombres.

➲ Normativa autonómica

- Ley 12/2007, de 26 de noviembre, para la promoción de la igualdad de género en Andalucía.
- Ley 1/2010, de 26 de febrero, canaria de igualdad entre mujeres y hombres.
- Ley 7/2007, de 4 de abril, para la Igualdad entre Mujeres y Hombres, y de Protección contra la Violencia de Género en la Región de Murcia.
- Ley 7/2023, de 30 de noviembre, para la igualdad efectiva de mujeres y hombres de Galicia.
- Ley 8/2011, de 23 de marzo, de Igualdad entre mujeres y hombres y contra la violencia de género en Extremadura.
- Decreto Legislativo 1/2023, de 16 de marzo, por el que se aprueba el texto refundido de la Ley para la Igualdad de Mujeres y Hombres y Vidas Libres de Violencia Machista contra las Mujeres (País Vasco)
- Ley 12/2010, de 18 de noviembre, de igualdad entre mujeres y hombres de Castilla-La Mancha.

 **RECUERDA**

La Ley Orgánica 3/2007, de 22 de marzo, para la igualdad efectiva de mujeres y hombres fue el resultado de la transposición a nuestro ordenamiento jurídico de la ya derogada Directiva 2002/73/CE y de la Directiva 2004/113/CE.

- -

 **TAREA 2**

Gustavo pertenece al Departamento de Recursos Humanos de Telares del Norte, S. L. U. Con la nueva oferta de empleo que va a lanzar la empresa, Gustavo

Continúa en página siguiente >>

<< Viene de página anterior

necesita conocer qué medidas en materia de igualdad debe tomar para que no exista discriminación en el acceso al puesto de trabajo ofertado. ¿Qué normativas puede consultar para conocer dichas medidas?

Realiza un mapa conceptual con la legislación nacional y europea en materia de igualdad.

---

5. Resumen

La igualdad formal es aquella que se encuentra recogida en las normas legales. Es importante no confundirla con la igualdad real y la equidad de género. En España la **Constitución** promueve la igualdad ante la ley y la no discriminación por razón de sexo, junto con la **Ley Orgánica 3/2007;** y por su parte, la Unión Europea incluye entre sus objetivos la integración de políticas en materia de igualdad.

La igualdad como **principio jurídico universal** se encuentra recogida en diversos textos internacionales, siendo los siguientes los más representativos:

Convención sobre la Eliminación de todas las Formas de Discriminación contra la Mujer (Asamblea General de Naciones Unidas, 1979)

Conferencias mundiales sobre la mujer (Ciudad de México 1975, Copenhague 1980, Nairobi 1985 y Beijing 1995)

A lo largo de los años, se ha ido desarrollando la **legislación europea** sobre igualdad, dando lugar a numerosas directivas tales como: la Directiva 79/7/CEE del Consejo, de 19 de diciembre de 1978, la Directiva 2000/78/CE del Consejo, de 27 de noviembre de 2000, la Directiva del Consejo 2004/113/CE, de 13 de diciembre de 2004, etc.

La **negociación colectiva** debe ser un **instrumento de diálogo social en materia de igualdad,** y así se refleja en la Ley Orgánica 3/2007, que regula en sus artículos 43 y 45.1 el establecimiento de medidas de acción positiva y la obligación de respetar la igualdad de trato y de oportunidades en el ámbito laboral. Por ello, para el cumplimiento de tales preceptos la ley remite al Estatuto de los Trabajadores. En este texto legal se perfilan algunas **acciones positivas,** tales como:

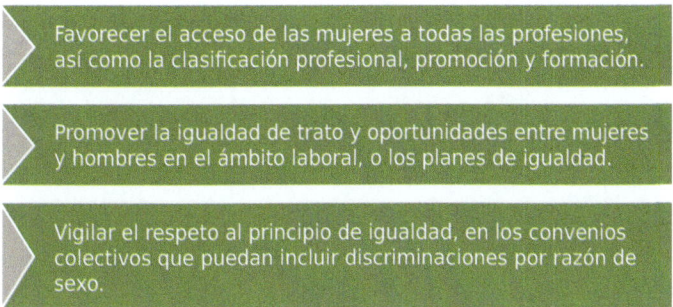

Favorecer el acceso de las mujeres a todas las profesiones, así como la clasificación profesional, promoción y formación.

Promover la igualdad de trato y oportunidades entre mujeres y hombres en el ámbito laboral, o los planes de igualdad.

Vigilar el respeto al principio de igualdad, en los convenios colectivos que puedan incluir discriminaciones por razón de sexo.

Además de los contenidos que se incluyen en estas medidas, en la negociación colectiva también se pueden tratar aspectos como los salarios, la conciliación laboral y familiar, etc.

En España, la normativa principal en el ámbito de la igualdad es la **Ley Orgánica 3/2007, de 22 de marzo, para la igualdad efectiva de mujeres y hombres.** Esta fue el resultado de la transposición de dos directivas europeas en esta materia, la Directiva 2002/73/CE (derogada por la Directiva 2006/54/CE) y la Directiva 2004/113/CE. Esta norma está estructurada en 78 artículos y numerosas disposiciones adicionales, transitorias, derogatorias y finales.

Esta ley se ve reforzada por otras normas nacionales y autonómicas, entre las que se encuentran:

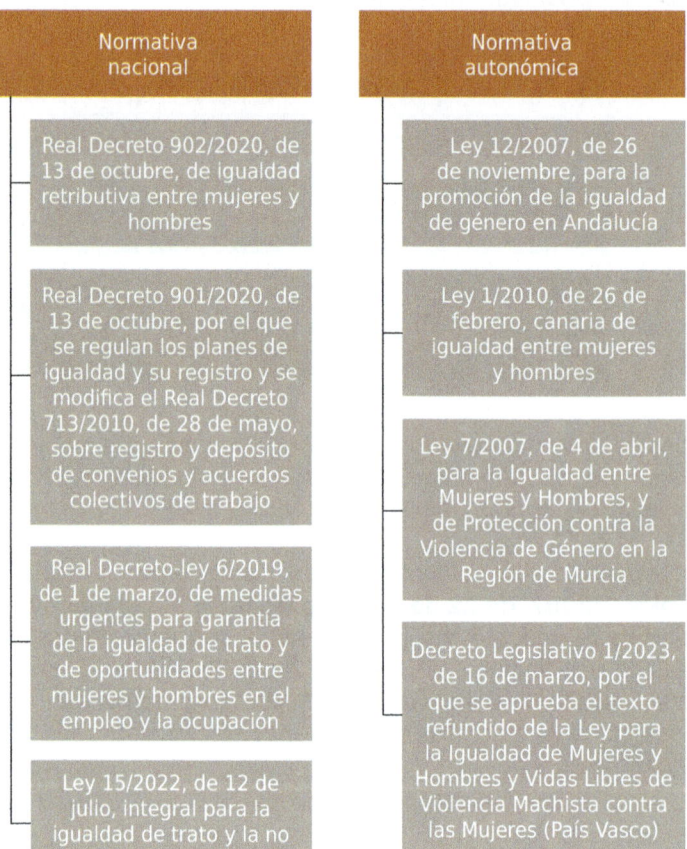

Ejercicios de autoevaluación
Unidad de Aprendizaje 2

1. Indica si la siguiente afirmación es verdadera o falsa: "La Constitución española en su artículo 14 promueve la igualdad ante la ley y la no discriminación por razón de sexo".

   - Verdadero
   - Falso

2. Señala si la siguiente afirmación es verdadera o falsa: "La igualdad como principio jurídico universal se encuentra recogida en la Convención sobre la Eliminación de todas las Formas de Discriminación contra la Mujer (Asamblea General de la Naciones Unidas, 1979)".

   - Verdadero
   - Falso

3. ¿Qué normativa europea reguló la creación del Instituto Europeo de la Igualdad de Género?

   a. Directiva del Consejo 2004/113/CE, de 13 de diciembre de 2004.
   b. Directiva 2006/54/CE del Parlamento Europeo y del Consejo, de 5 de julio de 2006.
   c. Reglamento (CE) n.º 1922/2006 del Parlamento Europeo y del Consejo, de 20 de diciembre de 2006.
   d. Directiva 2010/41/UE del Parlamento Europeo y del Consejo, de 7 de julio de 2010.

4. Conseguir la igualdad manteniendo el reconocimiento de la diferencia social que caracteriza a cada individuo es...

   a. ... equidad de género.
   b. ... igualdad formal.
   c. ... igualdad real.
   d. ... perspectiva de género.

5. Indica si la siguiente afirmación es verdadera o falsa: "Las medidas que se establecen en el Estatuto de los Trabajadores se caracterizan por ser definitivas, razonables y proporcionadas".

- Verdadero
- Falso

6. En materia de igualdad, ¿qué medidas de la negociación colectiva se encuentran recogidas en los artículos del Estatuto de los Trabajadores? (selecciona todas las opciones correctas)

a. Favorecer la aplicación del principio de igualdad en las condiciones de trabajo.
b. Vigilar el respeto al principio de igualdad en los convenios colectivos.
c. Promover planes de igualdad.
d. Obligación de respetar la igualdad de trato y de oportunidades en el ámbito laboral.

7. En la negociación colectiva se trabaja la perspectiva de género en aspectos como: (selecciona todas las opciones correctas)

a. El salario.
b. El tamaño de la empresa.
c. La conciliación familiar y laboral.
d. La promoción en el puesto de trabajo.

8. ¿Según qué directivas europeas se ha creado la LOIEMH?

a. Directiva 2002/73/CE, ya derogada.
b. Directiva 76/207/CEE, ya derogada.
c. Directiva 2004/113/CE.
d. Directiva 2005/14/CE.

9. Determina si la siguiente afirmación es verdadera o falsa: "El objeto de la Ley Orgánica 3/2007 es hacer efectivo el derecho de igualdad de trato y de oportunidades entre mujeres y hombres, solo en el ámbito laboral".

- Verdadero
- Falso

10. **En el Título VI de la Ley para la igualdad efectiva de mujeres y hombres, ¿qué se regula?**

      a. Medidas de fomento de la igualdad en los medios de comunicación social.

      b. La igualdad de trato en el acceso a bienes y servicios, en especial los seguros.

      c. Instrumentos de control en publicidad.

      d. Políticas y medidas para garantizar el derecho al trabajo en igualdad de condiciones.

Aspectos básicos sobre el plan de igualdad

Contenido

Objetivos

El objetivo general de esta Unidad de Aprendizaje es:

→ Conocer los aspectos básicos necesarios para elaborar e implantar el plan de igualdad en la empresa.

El objetivo específico de esta Unidad de Aprendizaje es:

→ Describir las fases de elaboración e identificar los agentes implicados.

1. Introducción

Las empresas, en virtud del artículo 45 de la LOIEMH, tienen la obligación de respetar la igualdad de trato y de oportunidades en el trabajo. Para ello, deben **"adoptar medidas dirigidas a evitar cualquier tipo de discriminación laboral entre mujeres y hombres";** estas medidas van dirigidas a la elaboración e implantación de planes de igualdad, que tienen que ser negociados y acordados con los representantes de los trabajadores, según la legislación laboral vigente.

El plan de igualdad tiene dos vertientes: una **estratégica** y otra **operativa.** La primera está encaminada a que la empresa consiga una posición favorable en materia de igualdad mediante una gestión integral de los recursos humanos bajo la perspectiva de género; y la segunda está relacionada con el grupo de medidas que necesita la empresa atendiendo a su situación en materia de igualdad.

Para conocer la metodología, fases y agentes implicados en la elaboración del plan de igualdad, nos basaremos en la implantación de este tipo de planes en la empresa Parcela 51, de la mano del agente de igualdad seleccionado.

2. Concepto y contenido de los planes

☞ HILO CONDUCTOR

La empresa Parcela 51 se encuentra entre el grupo de organizaciones que están obligadas a tener un plan de igualdad implantado. Por ello, el agente designado se pone manos a la obra empezando por lo más básico: concepto y contenido.

- -

Un plan de igualdad, según se define en el artículo 46.1 de la Ley Orgánica 3/2007, de 22 de marzo (LOIEMH), es "un conjunto ordenado de medidas, adoptadas después de realizar un diagnóstico de situación, tendentes a alcanzar en la empresa la igualdad de trato y de oportunidades entre mujeres y hombres y a eliminar la discriminación por razón de sexo".

Los planes de igualdad contienen un grupo ordenado de medidas evaluables.

SABÍAS QUE...

El Instituto de las Mujeres presta un servicio de asesoramiento para planes y medidas de igualdad, además de apoyo técnico personalizado y especializado para su implantación. Accede al siguiente enlace para consultar su página web.

https://redirectoronline.com/adgd204po0301

La **elaboración e implantación** del plan de igualdad **es una obligación legal para determinadas empresas.** La Disposición Transitoria Décima Segunda de la Ley estableció un periodo transitorio de aprobación de los planes de igualdad en función de la plantilla. Para su cuantificación, el Real Decreto 901/2020, de 13 de octubre regulaba en su artículo 3 una serie de criterios.

 **PARA SABER MÁS**

Puedes acceder al artículo 3 del Real Decreto 901/2020, de 13 de octubre, a través del siguiente enlace:

https://redirectoronline.com/adgd204po0302

Actualmente, las empresas que tengan en plantilla más de 50 trabajadoras y trabajadores están obligadas a implantar el correspondiente plan de igualdad. Aquellas que cuenten con una plantilla inferior a 50 trabajadoras y trabajadores no están obligadas, es decisión propia tener o no un plan de igualdad.

 **NOTA**

En el supuesto de grupo de empresas, el plan de igualdad puede ser único para el grupo o para parte de las empresas que lo componen.

La **finalidad** del plan de igualdad es integrar este ámbito como principio básico de la organización y como eje de la gestión en la empresa. Paro ello, es necesario que el plan contribuya a la **consecución de estos objetivos:**

Eliminar las discriminaciones y desigualdades por razón de sexo en el acceso al empleo, la participación y el desarrollo en la empresa.	Asegurar que todos los procesos de gestión se realizan según el principio de igualdad de trato y oportunidades.

Continúa en página siguiente >>

<< Viene de página anterior

| Alcanzar la igualdad de oportunidades entre mujeres y hombres en la organización. | Garantizar un adecuado tratamiento de la gestión del talento de trabajadoras y trabajadores, bajo la perspectiva de la igualdad. |

 **VÍDEO**

Elaborar un plan de igualdad no es una tarea fácil. Accede al siguiente enlace de la agencia EFE donde podrás ver un vídeo que te muestra cinco consejos para su elaboración:

https://redirectoronline.com/adgd204po0304

Según el Real Decreto 901/2020, de 13 de octubre, el **contenido mínimo** que debe integrar un plan de igualdad es:

Contenido mínimo	- Definición de los sujetos implicados en su acuerdo. - Ámbito de aplicación personal, territorial y temporal. - Informe del diagnóstico de situación de la empresa o, en su caso, de cada una de las que componen un grupo. - Resultados de la auditoría retributiva, vigencia y periodicidad (según el Real Decreto 902/2020, de 13 de octubre) - Definición de objetivos cualitativos y cuantitativos. - Descripción de medidas concretas, plazo de ejecución y priorización de las mismas, así como el diseño de indicadores para conocer su evolución. - Identificación de los medios y recursos (materiales y humanos) necesarios para la implantación, seguimiento y evaluación de las medidas y objetivos. - Calendario de actuaciones para la implantación, seguimiento y evaluación de las medidas. - Sistema de seguimiento, evaluación y revisión periódica. - Composición y funcionamiento de la comisión encargada del seguimiento, evaluación y revisión del plan. - Procedimiento de modificación, incluido el procedimiento para solucionar las posibles discrepancias que puedan surgir en la aplicación, seguimiento, evaluación o revisión.

3. Metodología para la elaboración de un plan de igualdad

 HILO CONDUCTOR

El agente de igualdad de la empresa Parcela 51 se pone en contacto con el servicio de asesoramiento del Instituto de la Mujer de la comunidad autónoma donde está ubicada la empresa. Considera importante conocer la metodología que debe seguir en este proyecto, antes de abordar las fases de elaboración del plan de igualdad.

La elaboración de un plan de igualdad requiere adoptar una **metodología adecuada** que permita incorporar en la gestión de la empresa el enfoque de género, de una manera eficaz y exitosa. Para ello, conocer la situación de la empresa desde este punto de vista es lo primero; de hecho, es la primera fase del proceso de elaboración del plan de igualdad: Diagnóstico de la situación.

De entre los **métodos** que se utilizan para recabar información sobre la brecha de género en la empresa, se encuentran:

> **Indicadores de género**
> - Es una herramienta que se utiliza para poner de manifiesto las desigualdades existentes entre mujeres y hombres en el ámbito del empleo y de la empresa. Proporcionan datos cuantitativos.

> **Encuestas de opinión**
> - Con este método de obtención de información se puede conocer lo que opinan las trabajadoras y los trabajadores respecto de la igualdad de género en su empresa y el grado de compromiso que tiene.

Hay que tener en cuenta que la metodología que sigan las empresas en la elaboración del plan de igualdad va a depender de sus características propias y de gestión.

4. Consideraciones generales. Agentes implicados

☞ **HILO CONDUCTOR**

Otro de los aspectos que el agente de igualdad de la empresa Parcela 51 necesita identificar es quiénes deben formar parte de la elaboración e implantación del plan, con el objetivo de obtener la mayor implicación posible de estos.

- -

Con el fin de respetar la igualdad de trato y de oportunidad en el ámbito laboral, se aplican medidas tendentes a eliminar cualquier tipo de discriminación laboral entre mujeres y hombres. Estas **medidas incluidas en los planes de igualdad son negociadas** y, en su caso, **acordadas entre la**

empresa y los representantes de los trabajadores y trabajadoras. Ambas partes deben estar muy presentes en cada una de las fases de definición del plan de igualdad, para conseguir que sea lo más consensuado posible.

Conseguir un acuerdo entre las partes en materia de igualdad es importante, ya que enriquece la gestión empresarial al dotarle de perspectiva de género.

 **CONSEJO**

En la definición del plan de igualdad se recomienda la plena participación de la plantilla que compone la empresa.

- -

Según la actuación que se realice y la fase del proceso de elaboración del plan, los **sujetos implicados** son:

- **Equipo directivo:** al ser el principal promotor del plan de igualdad, deben estar implicados todos sus estamentos. Le corresponde a la dirección informar y asignar los recursos económicos, humanos y materiales para su correcto desarrollo.
- **Equipos técnicos de recursos humanos:** su función es la de integrar el ámbito de la igualdad en los procesos normales de la empresa y conseguir que las acciones sean específicas para facilitar su viabilidad y la claridad de los resultados de la implantación del plan.
- **Representantes legales de las personas trabajadoras:** ejercen un papel fundamental en la negociación, al ser parte implicada en el acuerdo del plan de igualdad. Son el principal transmisor de la información a la plantilla y deben ser muy activos durante todo el proceso.

● **Comisión negociadora:** órgano creado para la negociación de los planes de igualdad, incluidos los diagnósticos previos. Está compuesto por los representantes de la empresa y de las personas trabajadoras.

● **Plantilla:** es la parte a la cual se destina el plan. El estudio personalizado de la situación de las mujeres y hombres que pertenecen a la empresa proporciona información relevante para la elaboración del plan. Esta información va a ser útil para conocer la cultura de la empresa y así saber cómo se va a ver influenciada por la perspectiva de igualdad.

 **IMPORTANTE**

En el programa del plan de igualdad es fundamental que exista una buena comunicación entre los distintos agentes que están implicados en él, así como la imagen que proyecta la empresa tanto externa como internamente.

Con carácter general, la **comisión negociadora de igualdad** se compone, en igual proporción numérica, por representantes de la empresa y representantes de las personas trabajadoras (comité de empresa o intercentros, delegadas y delegados de personal o secciones sindicales, si existen). En ella se debe fomentar el equilibrio en ambas partes respecto al número de mujeres y hombres, y la formación o experiencia en igualdad en el ámbito laboral.

Si no existe representación legal de las personas trabajadoras, la comisión se crea con seis miembros, como máximo, de cada parte (personas trabajadoras y empresa), de conformidad con lo regulado en el artículo 5 del Real Decreto 901/2020, de 13 de octubre.

Sus **competencias** son:

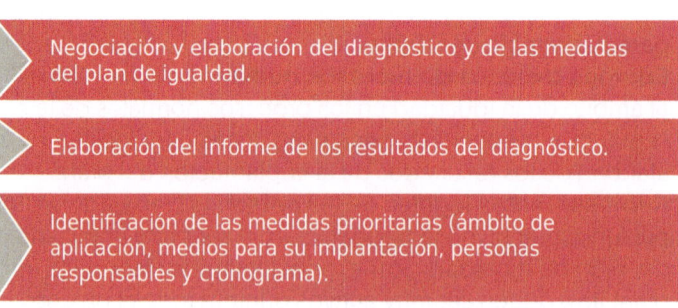

Continúa en página siguiente >>

<< Viene de página anterior

 Impulso de la implantación del plan de igualdad en la empresa.

Definición de los indicadores de medición y de los instrumentos de recogida de datos para el seguimiento y evaluación del cumplimiento de las medidas implantadas.

Además de los agentes anteriores, también se puede contar con la ayuda de:

Personal experto	**Organismos de igualdad**
- Su función es de apoyo en el proceso de creación y seguimiento del plan, y la impartición de formación a los agentes implicados. Tienen voz pero no voto. - Pueden ser empresas externas especializadas en la igualdad entre mujeres y hombres o personal interno contratado para ello.	- Su función es de asesoramiento y apoyo para el cumplimiento de la normativa vigente en materia de igualdad, sobre todo, en la elaboración e implantación del plan. - Entre estos organismos están: Ministerio de Igualdad (Instituto de las Mujeres), Instituto de la Mujer a nivel autonómico (por ejemplo, Instituto Andaluz de la Mujer), etc.

 PARA SABER MÁS

Los organismos de igualdad tienen un papel importante en la labor de creación de los planes. Accede a los siguientes enlaces de algunos de ellos:

Continúa en página siguiente >>

<< Viene de página anterior

Instituto de las Mujeres	Instituto Andaluz de la Mujer

https://redirectoronline.com/adgd204po0301	https://redirectoronline.com/adgd204po0305

- -

 APLICACIÓN PRÁCTICA

Francisco está asistiendo a un curso de implantación del plan de igualdad en la empresa. En el día de hoy están tratando las partes implicadas en su elaboración, y para ilustrar de forma práctica la clase el formador plantea el siguiente supuesto: "Una empresa pequeña no posee representación legal de las personas trabajadoras. ¿Se puede formar la comisión negociadora para el proceso de creación del plan de igualdad?"

Solución

En las empresas donde no existan las representaciones legales de las personas trabajadoras se creará una comisión negociadora constituida, de un lado, por la representación de la empresa y, de otro lado, por una representación de las personas trabajadoras, integrada por los sindicatos más representativos y por los sindicatos representativos del sector al que pertenezca la empresa y con legitimación para formar parte de la comisión negociadora del convenio colectivo de aplicación. La comisión negociadora contará con un máximo de seis miembros por cada parte. La representación sindical se conformará en proporción a la representatividad en el sector y garantizando la participación de todos los sindicatos legitimados.

- -

5. Fases de elaboración del plan

 **HILO CONDUCTOR**

El agente de igualdad de la empresa Parcela 51 ya sabe quiénes van a formar parte de la elaboración del plan de igualdad. Un miembro de la asesoría externa especializada, que ha contratado la empresa, va a guiar al agente en todas las fases del proceso para que se realice de forma correcta, y la implantación de la igualdad de trato y oportunidades en la empresa sea efectiva.

Como primer paso en la implantación del plan de igualdad en la empresa, la dirección debe adquirir un **compromiso** para incluir en su gestión empresarial el ámbito de igualdad de trato y oportunidades. Este compromiso, formalizado en un documento, hay que comunicarlo a la plantilla y debe ser parte de los procesos de mejora continua de la empresa.

La elaboración e implantación del plan de igualdad pasa por un **proceso cuyas fases están estrechamente relacionadas.** La participación de todas las personas trabajadoras de la empresa es una característica de este proceso, al igual que su carácter transparente y de comunicación continua durante todo su recorrido. El papel fundamental que en este proceso tiene la representación legal de las personas trabajadoras consiste en la implicación de la plantilla en todas sus fases y en darle a conocer el objetivo de las políticas de igualdad.

NOTA

La comisión negociadora es uno de los agentes implicados en el proceso de elaboración del plan de igualdad y debe ser creada previamente al inicio de las fases.

Las fases del proceso de elaboración del plan de igualdad son:

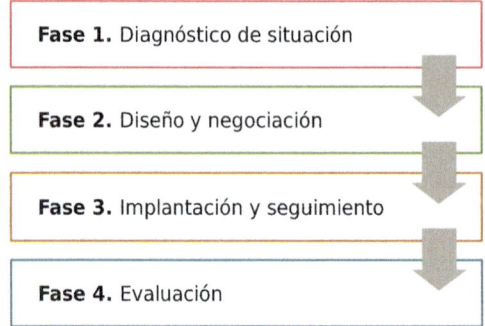

Fase 1. Diagnóstico de situación

Fase 2. Diseño y negociación

Fase 3. Implantación y seguimiento

Fase 4. Evaluación

En esta primera fase, **Diagnóstico de situación,** se realiza un proceso de recogida de información en todos los puestos y centros de trabajo de la empresa, incluyendo todos los niveles jerárquicos existentes en esta. Su objetivo es identificar cuáles pueden ser las desigualdades, diferencias, desventajas, dificultades y obstáculos que existen en la empresa, para lograr la igualdad efectiva entre mujeres y hombres.

Como parte del plan de igualdad, se incluye un **informe** resumiendo el estudio y las conclusiones a las que se han llegado en el proceso de diagnóstico, cuyo contenido como mínimo debe ser:

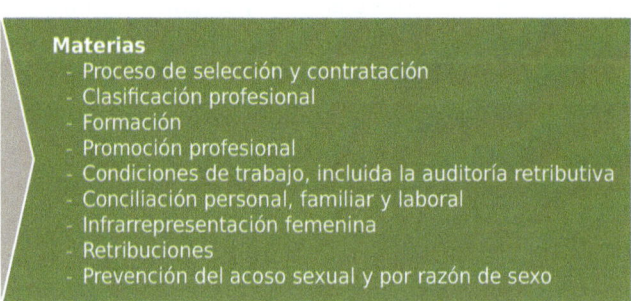

Materias
- Proceso de selección y contratación
- Clasificación profesional
- Formación
- Promoción profesional
- Condiciones de trabajo, incluida la auditoría retributiva
- Conciliación personal, familiar y laboral
- Infrarrepresentación femenina
- Retribuciones
- Prevención del acoso sexual y por razón de sexo

PARA SABER MÁS

La elaboración del diagnóstico se realiza teniendo en cuenta una serie de criterios establecidos en el anexo del Real Decreto 901/2020, de 13 de octubre. En el siguiente enlace podrás visualizarlo:

https://redirectoronline.com/adgd204po0306

En la segunda fase, **Diseño y negociación,** se definen los objetivos que se quieren alcanzar con el plan de igualdad; se crean las medidas y acciones que se van a tomar según el resultado del diagnóstico y su cronograma de aplicación; se diseñan los sistemas de seguimiento y evaluación del plan, y finalmente, se establece un proceso de aprobación y registro.

El proceso de negociación se desarrolla atendiendo a las siguientes pautas:

Pautas
- Hay que levantar acta de cada una de las reuniones que se celebren en la negociación y deben estar aprobadas y firmadas por las partes.
- Las negociaciones se deben celebrar de buena fe para lograr un acuerdo. Este requiere el consenso de la empresa y de la mayoría de los representantes de las personas trabajadoras de la comisión.
- En caso de no llegar a acuerdo, la comisión puede acudir a los procedimientos y órganos de solución de conflictos.
- El resultado de las negociaciones se formalizará por escrito, incluyendo la firma de las partes. Posteriormente se enviará a la autoridad laboral para su registro, depósito y publicidad.

RECUERDA

Los planes de igualdad deberán ser objeto de negociación con la representación legal de las personas trabajadoras a través de la comisión negociadora.

En la tercera fase, **Implantación y seguimiento,** se adoptan las medidas y acciones acordadas en el plan de igualdad, y posteriormente, se comprueba su desarrollo y los resultados que se van obteniendo. Dependiendo de estos, la empresa a lo largo del periodo de vigencia del plan puede añadir, reorientar, mejorar, corregir, intensificar, atenuar o, incluso, dejar de aplicar alguna de las medidas acordadas.

Además de la comisión negociadora, en el plan de igualdad hay que contemplar también una **comisión u órgano de vigilancia y seguimiento.** Sus competencias se definen en el plan, así como su composición, la cual debe contar, por igual, con representación de la empresa y de los trabajadores y trabajadoras, existiendo si es posible el mismo número de mujeres y hombres en cada parte.

IMPORTANTE

La vigencia o duración del plan de igualdad debe estar establecido por las partes negociadoras, atendiendo al límite superior de cuatro años.

Finalmente en la cuarta fase, **Evaluación,** se valoran los objetivos que se han obtenido y se mide el efecto que las medidas y actuaciones del plan de igualdad han tenido en la empresa. Como mínimo, hay que realizar una **evaluación intermedia y otra final,** sin perjuicio de las establecidas por la comisión de seguimiento creada.

 **NOTA**

Tanto el seguimiento como la evaluación de las medidas acordadas, se debe realizar de forma periódica según el calendario establecido en el plan o en el reglamento de la comisión de seguimiento.

Aunque no se puede considerar una de las fases del plan de igualdad, la definición del registro del plan está incluida en la fase de Diseño y negociación. Su **inscripción en el registro público es obligatoria,** independientemente de que los motivos de su implantación fueran obligatorios o voluntarios, y haya sido o no acordado dicho plan por las partes. Se considera realizado este trámite cuando se produzca el registro de convenios y acuerdos colectivos de trabajo según el Real Decreto 713/2010, de 28 de mayo. Esto va a permitir el acceso público al contenido del plan de igualdad registrado.

 PARA SABER MÁS

Puedes acceder al Real Decreto 713/2010, de 28 de mayo a través del siguiente enlace:

https://redirectoronline.com/adgd204po0307

SABÍAS QUE...

La solicitud de inscripción del plan de igualdad tiene que ir acompañada de una hoja estadística cuyo modelo se encuentra regulado en el anexo 2.V del Real Decreto 713/2010, de 28 de mayo.

ACTIVIDAD COMPLEMENTARIA

3. Consulta la normativa que regula los planes de igualdad e indica cuáles son las circunstancias que motivan una revisión del plan de igualdad implantado en la empresa.

TAREA 3

Marta trabaja en una empresa donde el número de trabajadores es mucho mayor que el de trabajadoras, existiendo diferencias importantes en cuanto a la promoción profesional y a la retribución. Esta empleada le ha hecho saber a la empresa que se encuentra entre las obligadas a implantar un plan de igualdad. ¿Cuál será el proceso de elaboración del plan de igualdad? ¿Quiénes estarán implicados en dicho plan?

Enumera y describe brevemente las fases de este proceso de elaboración del plan de igualdad, e indica los agentes que deben estar implicados.

6. Resumen

El plan de igualdad, según la normativa, se define como un **conjunto ordenado de medidas** encaminadas a alcanzar en la empresa la igualdad de trato y oportunidades entre mujeres y hombres.

La elaboración del plan de igualdad es **obligatoria** para las empresas que tengan en plantilla más de 50 personas trabajadoras. Sin embargo, el Real Decreto 901/2020, de 13 de octubre, estableció un **periodo transitorio de aprobación de los planes,** dependiendo del número de miembros de la plantilla. Su **finalidad** es integrar este ámbito como principio básico de la organización y como eje de la gestión en la empresa, siendo necesario para ello lograr una serie de objetivos.

El **contenido mínimo** del plan de igualdad debe ser:

La metodología que se utilice en la empresa para elaborar el plan de igualdad va a depender de las características propias de la empresa. Sin embargo, existen métodos que ayudan a obtener información sobre la brecha de género en la empresa. Entre ellos están los **indicadores de género y las encuestas de opinión.**

En la elaboración del plan de igualdad existen diferentes agentes implicados, siendo estos:

Además, también pueden estar implicados **personal experto** (interno o externo) y los **organismos de igualdad,** como el Instituto de las Mujeres.

Previamente al proceso de elaboración e implantación del plan de igualdad, la empresa debe adquirir un **compromiso firme** de incluir en su gestión la perspectiva de género. Las fases de este proceso son:

Diagnóstico de situación
- Es un proceso de recogida de información en la empresa con el fin de identificar las desigualdades, diferencias, etc., y conseguir la igualdad efectiva entre mujeres y hombres. Se plasma en un informe con un contenido mínimo preestablecido por normativa.

Diseño y negociación
- En esta fase se definen los objetivos que se quieren alcanzar, se elaboran las medidas y acciones que se van a tomar, se diseñan los sistemas de seguimiento y evaluación, y se establece un proceso de aprobación y registro.

Continúa en página siguiente >>

<< Viene de página anterior

Implantación y seguimiento
- Aplicación de las medidas y acciones acordadas en el plan de igualdad, y comprobación de su desarrollo y de los resultados que se van obteniendo. En esta fase se crea una comisión de vigilancia y seguimiento.

Evaluación
- Valoración de los objetivos que se han obtenido y medición del efecto que las medidas y actuaciones del plan de igualdad han tenido en la empresa. Se debe realizar una evaluación intermedia y otra final, como mínimo.

La inscripción del plan de igualdad en el registro público es obligatoria, atendiendo al Real Decreto 713/2010, de 28 de mayo.

Ejercicios de autoevaluación
Unidad de Aprendizaje 3

1. Indica si la siguiente afirmación es verdadera o falsa: "La elaboración e implantación del plan de igualdad es una obligación legal para todas las empresas".

   ■ Verdadero
   ■ Falso

2. Señala si la siguiente afirmación es verdadera o falsa: "En el supuesto de los grupos de empresas, es obligatorio elaborar un plan de igualdad por cada organización que los componen".

   ■ Verdadero
   ■ Falso

3. ¿Cuál de las siguientes opciones no pertenece al contenido mínimo del plan de igualdad?

   a. Ámbito de aplicación territorial y temporal.
   b. Objetivos cuantitativos y cualitativos.
   c. Auditoría retributiva y económica.
   d. Sistema de seguimiento, evaluación y revisión periódica.

4. La herramienta que se utiliza para identificar las desigualdades existentes entre mujeres y hombres en el ámbito del empleo y de la empresa es:

   a. Ficha de datos.
   b. Indicador de género.
   c. Encuesta de opinión.
   d. Comisión de seguimiento.

5. Determina si la siguiente afirmación es verdadera o falsa: "Las medidas incluidas en los planes de igualdad son negociadas y acordadas entre la empresa y los representantes de los trabajadores y trabajadoras".

   ■ Verdadero
   ■ Falso

6. ¿Qué agente implicado en el plan de igualdad es el principal transmisor de información a la plantilla de la empresa?

   a. Equipo directivo.
   b. Comisión de seguimiento.
   c. Organismos de igualdad.
   d. Representantes legales de las personas trabajadoras.

7. Si no existe representación legal de las personas trabajadoras, ¿cuántos miembros debe tener la comisión negociadora de igualdad?

   a. Como mínimo, una representación de seis miembros por cada una de las partes.
   b. No hay límite.
   c. No existe comisión negociadora porque no es obligatoria.
   d. Solo estará compuesta por tres representantes de las personas trabajadoras.

8. ¿Cuáles son las fases de elaboración del plan de igualdad? Selecciona todas las opciones correctas.

   a. Planificación.
   b. Diagnóstico.
   c. Seguimiento.
   d. Evaluación.

9. Indica si la siguiente afirmación es verdadera o falsa: "La duración del plan de igualdad es como mínimo de cuatro años".

   ■ Verdadero
   ■ Falso

10. Una vez implantado el plan de igualdad, ¿cuáles son las evaluaciones que se pueden hacer? Selecciona todas las opciones correctas.

     a. Evaluación intermedia.

     b. Evaluación final.

     c. Evaluación externa.

     d. Evaluación establecida por la comisión de seguimiento.

Técnicas para la definición, planificación, desarrollo y evaluación de planes y medidas de desarrollo en igualdad

Contenido

Objetivos

El objetivo general de esta Unidad de Aprendizaje es:

→ Conocer las distintas técnicas que pueden ayudar a la gestión integral del plan de igualdad en la empresa.

El objetivo específico de esta Unidad de Aprendizaje es:

→ Describir las técnicas de investigación social.

1. Introducción

En ocasiones, las desigualdades entre mujeres y hombres en el ámbito empresarial son tan evidentes, que no es necesaria la utilización de **técnicas de investigación** para conocerlas. Sin embargo, la información que se obtiene a través de ellas puede complementar dicha evidencia o, incluso, demostrar que existen en otras organizaciones donde no sean tan observables.

La recogida y obtención de datos en las empresas para analizar la perspectiva de género es una de las tareas principales que hay que abordar al comienzo del desarrollo de un plan de igualdad. En la fase de **diagnóstico de la situación,** las técnicas de investigación son herramientas útiles de captación de información.

Para conocer las técnicas que pueden contribuir a la planificación y desarrollo de los planes y medidas de igualdad, nos basaremos en la participación del agente de igualdad de la empresa Parcela 51 en una webinar sobre las técnicas de investigación enfocadas a la perspectiva de género.

2. Introducción a las técnicas de investigación

👉 HILO CONDUCTOR

La webinar a la que asiste el agente de igualdad de la empresa Parcela 51 cuenta con cuatro sesiones. La primera comienza con la presentación de la conferencia, analizando lo que los sociólogos entienden, con carácter general, por técnicas de investigación.

Desde el punto de vista científico, las **técnicas de investigación** son herramientas utilizadas con el fin último de **aumentar los conocimientos** en un determinado campo. A través de ellas, se selecciona y analiza la información que contribuirá a la adquisición de nuevos conocimientos. No todas las técnicas sirven para realizar los mismos estudios, ya que dependerán de las características propias de estos, siendo unas más adecuadas que otras.

Según **Ezequiel Ander-Egg,** el método es el procedimiento general del conocimiento científico, mientras que las técnicas son los procedimientos de actuación específicos a través de los cuales se desarrollan las etapas del método científico.

El carácter práctico de las técnicas de investigación hace que estén formadas por distintas actuaciones.

 **EJEMPLO**

Algunos ejemplos de las técnicas de investigación más utilizadas son la entrevista, la observación, la encuesta, los grupos de debate o los estudios especializados.

Las técnicas de investigación se agrupan en **dos tipos:**

Cuantitativas	Cualitativas
A la información recogida se le asignan valores numéricos para analizar, a través de métodos estadísticos, las posibles relaciones entre las variables que se han evaluado.	Esta técnica no trabaja con datos numéricos, sino que tiene por objeto la interpretación y análisis de aspectos tales como escenarios, individuos, actitudes, percepciones, etc.

Como la información obtenida en cada técnica es distinta, esto hace posible obtener diferentes enfoques de los fenómenos sociales que se investigan.

 **VÍDEO**

Las técnicas de investigación pueden ser utilizadas para diversos fines, como por ejemplo investigar cuestiones de derechos humanos. Puedes acceder al siguiente enlace ministerial para ver un vídeo ilustrativo de ello:

https://redirectoronline.com/adgd204po0401

3. Técnicas de investigación social

☞ **HILO CONDUCTOR**

En la siguiente sesión se tratan las diversas técnicas de investigación social. El agente de la empresa Parcela 51 plantea diversas cuestiones. Estas van dirigidas a obtener la máxima información posible sobre las técnicas que le pueden ayudar en la recogida de datos para la elaboración del plan de igualdad.

Antes de abordar las diferentes técnicas de investigación social disponibles, es adecuado conocer lo que se entiende por **investigación social.** Según Eduardo Bericat (1998), se puede definir como "todo tipo de actividad orientada a la obtención de conocimiento empírico-racional sobre las causas, la naturaleza y las consecuencias de la actividad social".

La **investigación social estudia el comportamiento humano y sus relaciones** dentro de la sociedad. Es importante delimitar con claridad el objeto de estudio, ya que este es la parte fundamental de toda investigación. No obstante, la definición de los objetivos que se quieren alcanzar no es menos relevante, debiéndose concretar tanto los generales como los específicos.

La investigación social se centra en el análisis de las conductas de los sujetos de una sociedad.

 SABÍAS QUE...

La investigación social se clasifica en distintos tipos según aspectos, tales como la temporalidad, la profundidad, el alcance, las fuentes y el objetivo.

Las **técnicas básicas** de investigación social posibilitan la recogida de información para conocer la situación de la empresa bajo la óptica de la igualdad. Entre otras están las siguientes:

- ➲ **Observación:** en este procedimiento se recopilan datos e información a través de los sentidos, observando hechos en el entorno real donde desarrollan normalmente sus actividades los sujetos que son objeto de investigación. También se puede llevar a cabo a través de vídeos, fotografías, grabadoras, etc. Esta técnica puede ser interna (o participante), externa (o no participante), sistemática o no sistemática. Además, se incluye como técnica de investigación cualitativa.
- ➲ **Entrevista:** consiste en la captación de información a través de una conversación profesional. Su contenido puede estar estructurado (cuestiones planificadas previamente) o no estructurado (sin cuestionario previo).

Con esta técnica se recopila bastante información con cierto nivel de detalle y existe la posibilidad de aclaración de dudas durante su desarrollo. Sin embargo, al ser aplicada de forma individual, sus resultados finales se alargan en el tiempo. Esta técnica está incluida en las técnicas de investigación cualitativa.

➲ **Grupo de discusión:** es una técnica similar a la entrevista, basada en una conversación profesional, pero con formato grupal. Se desarrolla a través de un debate sobre un tema ya predefinido y es guiado por un moderador, el cual no interviene. Los integrantes del grupo han de ser representativos del colectivo al que se quiere analizar, con el fin de que expresen sus opiniones sobre el tema expuesto. Es una técnica de investigación cualitativa.

➲ **Encuesta:** está considerada una técnica cuantitativa, que consiste en la recopilación de información mediante un cuestionario de preguntas relacionadas con el tema objeto de estudio, para su posterior análisis estadístico. Se caracteriza por tener un gran alcance de población, por ser rápida y fiable. Los avances tecnológicos han propiciado que esta técnica se pueda llevar a cabo de una forma simple.

NOTA

Si estas técnicas se aplican en la empresa, bajo la perspectiva de género, el observador o entrevistador puede detectar respuestas, conductas, expresiones y comportamientos que pongan de manifiesto las desigualdades o discriminaciones en materia de igualdad entre mujeres y hombres.

- -

ACTIVIDAD COMPLEMENTARIA

4. Consulta la hoja estadística del plan de igualdad que se incluye en el Anexo 2.V del Real Decreto 731/2010, de 28 de mayo, para identificar el tipo de técnica de investigación que es.

- -

4. La investigación-acción participativa

☞ HILO CONDUCTOR

Uno de los asistentes a la webinar en la que participa el agente de igualdad de la empresa Parcela 51 ha sugerido que le interesa conocer en qué consiste la investigación-acción participativa. Por ello, en la tercera sesión el conferenciante ha centrado el contenido en este tema.

- -

La investigación-acción participativa, más bien conocida por las siglas **IAP,** es una de las herramientas incluidas en el grupo de métodos relacionados con el **socio-praxis,** el cual pone de manifiesto la forma en la que los movimientos sociales proporcionan técnicas y metodologías para el uso de las ciencias sociales. Partiendo de este pensamiento, la IAP combina la propia investigación con un método de intervención social.

Se puede definir la **investigación-acción participativa** como el enfoque que pretende cambiar una realidad existente a partir de las reivindicaciones de los sujetos que intervienen en un proceso de acción social.

La IAP implica un proceso de investigación social y análisis de una realidad.

Las **siglas IAP** de investigación-acción participativa tienen un **significado** concreto. Así:

 **VÍDEO**

La investigación-acción participativa es un proceso de investigación social. Accede al siguiente vídeo explicativo de la UniMOOC:

https://redirectoronline.com/adgd204po0402

La investigación-acción participativa tiene como principal objetivo **el estudio de la realidad social,** que se debe realizar como una forma de intervención. Es decir, la investigación estará encaminada a la acción y a la transformación de esa realidad, implicando en el proceso no solo al investigador, sino también a los sujetos integrantes de esa realidad y destinatarios del cambio.

NOTA

Una característica destacable de la IAP es el carácter flexible de la investigación, ya que debe ir adaptándose a los ritmos y tiempos de los sujetos.

El **investigador** juega un papel importante en el proceso de IAP. Actúa asumiendo diversas **tareas,** tales como:

Impulsar el cambio mediante la reflexión en grupo	Preparar a los sujetos para la realización del análisis y de las acciones que tomar
Definir distintas posibilidades de acción	Ofrecer asesoramiento en la aplicación de las acciones

Como ya sabes, la IAP es un proceso y, como tal, está compuesto por una serie de fases. Esta se inicia con una labor de investigación para conocer lo que se quiere cambiar y, posteriormente, elaborar un proyecto; y finaliza con la puesta en práctica de las medidas acordadas y su evaluación.

Las **fases** que integran la investigación-acción participativa (IAP) son:

Primera fase

– Diagnóstico inicial de la problemática existente, a través de las siguientes tareas: recogida de información; creación del grupo investigación-acción participativa y de la comisión que se encargará del seguimiento del proyecto; preparación de los instrumentos de análisis; realización de entrevistas individuales con organismos y asociaciones, y elaboración del informe correspondiente.

Continúa en página siguiente >>

<< Viene de página anterior

Segunda fase

– Programación y sondeo de opiniones. Las tareas que incluye esta fase son: realización del trabajo de campo, a nivel de grupo social, utilizando métodos como la observación, la encuesta, el grupo de discusión, etc.; creación de talleres, y elaboración del informe respectivo.

Tercera fase

– Resolución y planteamientos. Sus tareas son: negociación y creación de propuestas específicas; elaboración del programa de actuaciones que llevar a cabo, y elaboración del informe final.

 APLICACIÓN PRÁCTICA

Martina está poniendo en práctica el método de investigación-acción participativa para intentar cambiar un método de trabajo que considera discriminatorio por razón de sexo. Se encuentra en aquella fase en la que contacta con los trabajadores y trabajadoras de la plantilla para llevar a cabo una de las técnicas de investigación social cualitativa que conoce. ¿En qué fase del proceso está?

Solución

En el proceso de IAP, Martina se halla en la fase correspondiente a la programación y sondeo de opiniones, fase segunda. Con ella persigue recabar información lo más ajustada posible a la realidad. En el trabajo de campo utiliza técnicas cualitativas, por lo que puede realizar una entrevista individual con las personas trabajadoras de la empresa o un proceso de observación, o llevar a cabo un grupo de discusión. Si lo cree conveniente, puede gestionar talleres adaptados a la problemática que pretende cambiar. Y finalmente elaborará el informe con toda la información obtenida.

TAREA 4

La empresa de Anabel está formada por un equipo de trabajadoras y trabajadores que ejercen la misma labor comercial. Algunos están en la oficina y otros hacen visitas a empresas. La desigualdad retributiva entre hombres y mujeres es evidente, y la empresa está elaborando el plan de igualdad para solucionarla. En este momento se encuentra en la fase de diagnóstico de la situación. Como Anabel tiene estudios de sociología, le recomienda al agente de igualdad una serie de técnicas que le pueden ayudar a obtener la información que necesita. ¿Cuáles pueden ser esas técnicas?

Realiza una descripción de las técnicas que consideres adecuadas a la situación de los trabajadores y trabajadoras de esta empresa, indicando finalmente cuál crees que puede ser la más efectiva.

---

5. Técnicas de gestión de planes para la igualdad

☞ HILO CONDUCTOR

El agente de igualdad de la empresa Parcela 51 ya ha asistido a la última sesión sobre las técnicas de investigación social. Ahora solo le queda aplicar los conocimientos que tiene sobre las distintas técnicas en la implantación del plan de igualdad en la empresa.

Las técnicas de investigación social que se han ido desarrollando a lo largo de esta unidad didáctica pueden ser útiles en la gestión de los planes de igualdad, adaptándose a las necesidades de cada organización. Concretamente, en la recogida de información que se realiza en la primera fase de elaboración del plan de igualdad, fase de diagnóstico, las técnicas cuantitativas y cualitativas adquieren una especial relevancia.

Los grupos de discusión son una de las técnicas de investigación social que se emplean en la elaboración de los planes de igualdad.

 **RECUERDA**

Las técnicas de investigación social que son utilizadas en la gestión y elaboración de los planes de igualdad son, entre otras, la observación, la entrevista, el grupo de discusión, la encuesta y la IAP (investigación-acción participativa).

Existen **técnicas complementarias** a las anteriores, y entre sí, de carácter **participativo** que ayudan en la investigación social y, por tanto, en la gestión de los planes de igualdad. Estas son algunas de ellas:

- **Análisis DAFO:** es un instrumento que permite analizar las debilidades (D), amenazas (A), fortalezas (F) y oportunidades (O) de un colectivo o una situación social concreta. Las debilidades recogen las limitaciones del grupo; las amenazas están relacionadas con los riesgos potenciales externos; las fortalezas se refieren a las capacidades positivas del colectivo, y las oportunidades incluyen las capacidades potenciales del grupo que se pueden aprovechar.
- **Sociograma:** es una técnica a través de la cual se obtiene información, gráficamente, sobre las relaciones existentes entre los sujetos de un grupo, así como sus influencias y preferencias. En el colectivo se analizan tanto las relaciones directas como las indirectas y las posiciones que los distintos sujetos tienen en el mismo. Se lleva a cabo utilizando la técnica de observación y contextualizando los datos obtenidos.
- **Flujograma o diagrama de flujo:** es la representación gráfica, mediante símbolos, de las etapas de un proceso, su secuencia lógica y la interacción o relación de coordinación entre los responsables correspondientes.

Presenta información clara, ordenada y concisa de un proceso. Antes de la elaboración de un diagrama de flujo, hay que identificar lo que se quiere representar, los resultados que se pretenden obtener, el nivel de detalle y los límites del proceso que se quiere describir.

⮑ **Árbol de problemas y soluciones:** es una técnica gráfica que, por un lado, muestra los problemas y las desigualdades de un colectivo, así como las causas que los provocan y las consecuencias que se generan; y por el otro, sus posibles soluciones. Es una herramienta que permite comprender el problema que solucionar cuando se quiere transformar una desigualdad social.

 **EJEMPLO**

Las distintas administraciones de nuestro país han puesto a disposición de las empresas guías para la gestión e implantación del plan de igualdad. Como ejemplos de técnicas de gestión, puedes acceder a los siguientes enlaces de dos comunidades autónomas y del Instituto de la Mujer para visualizarlos:

Emakunde - Instituto Vasco de las Mujeres	Instituto Navarro para la Igualdad

https://redirectoronline.com/adgd204po0403	*https://redirectoronline.com/adgd20po0404*

Continúa en página siguiente >>

<< Viene de página anterior

Instituto de las Mujeres. Guías de consulta

https://redirectoronline.com/adgd204po0405

6. Resumen

Las **técnicas de investigación,** en general, son herramientas utilizadas con el fin de aumentar los conocimientos en un determinado campo. Se agrupan en dos tipos:

Cuantitativas	Cualitativas
Asignan valores numéricos a la información recogida para analizar las relaciones entre las variables.	Interpretan y analizan aspectos como escenarios, individuos, actitudes, percepciones, etc.

La **investigación social** estudia el comportamiento humano y sus relaciones dentro de la sociedad. Las técnicas básicas que se incluyen en este tipo de investigación son, entre otras, las siguientes:

Observación
- Recogida de información a través de los sentidos.
- Es una técnica cualitativa.

Entrevista
- Captación de información mediante una conversación profesional.
- Es una técnica cualitativa.

Grupo de discusión
- Debate en grupo sobre un tema predefinido.
- Es una técnica cualitativa.

Encuesta
- Cuestionario de preguntas relacionadas con el tema objeto de estudio, para su posterior análisis estadístico.
- Es una técnica cuantitativa.

La **investigación-acción participativa** es el enfoque que pretende cambiar una realidad existente a partir de las reivindicaciones de los sujetos que intervienen en un proceso de acción social. Sus siglas son IAP y su proceso incluye tres fases: diagnóstico inicial de la situación, programación y sondeo de opiniones, y resolución y planteamientos. La IAP tiene como objetivo el estudio de la realidad social y su principal característica es la flexibilidad en la investigación. El investigador juega un papel fundamental en el correcto desarrollo de su proceso.

Algunas de las **técnicas complementarias que ayudan a la investigación social y a la gestión del plan de igualdad** en la empresa son:

Análisis DAFO
- Análisis de las debilidades, amenazas, fortalezas y oportunidades de un colectivo.

Sociograma
- Estudio de las relaciones entre los sujetos de un grupo, además de sus influencias y preferencias.

Continúa en página siguiente >>

<< Viene de página anterior

Diagrama de flujo o flujograma
- Representación gráfica de las etapas de un proceso, su secuencia lógica y la relación entre sus responsables.

Árbol de problemas y soluciones
- Muestra los problemas y las desigualdades de un colectivo, y sus posibles soluciones.

Ejercicios de autoevaluación
Unidad de Aprendizaje 4

1. Indica si la siguiente afirmación es verdadera o falsa: "Las técnicas de investigación son herramientas utilizadas con el objetivo de ampliar los conocimientos en un determinado campo".

   - Verdadero
   - Falso

2. ¿Cuáles son los tipos de técnicas de investigación?

   a. Científica.
   b. Cualitativa.
   c. Sociológica.
   d. Cuantitativa.

3. Existe una técnica que consiste en debatir sobre un tema concreto, guiado por un moderador. ¿Qué técnica es?

   a. Grupo de discusión.
   b. Entrevista.
   c. Observación.
   d. Encuesta.

4. La técnica de observación puede ser: (selecciona todas las respuestas correctas)

   a. Directa o indirecta.
   b. Interna o externa.
   c. Sistemática o no sistemática.
   d. General o específica.

5. Determina si la siguiente afirmación es verdadera o falsa: "Las siglas IAP se corresponden con el enfoque investigación-acción positiva".

   - Verdadero
   - Falso

6. Señala si la siguiente afirmación es verdadera o falsa: "Una de las características de la IAP es la flexibilidad en la investigación".

■ Verdadero
■ Falso

7. ¿En qué fase del proceso de investigación-acción participativa se crea una comisión de seguimiento?

a. Esta comisión no existe en este proceso.
b. En la fase de programación y sondeo de opiniones.
c. En la primera fase correspondiente al diagnóstico.
d. En la última fase junto con la comisión de evaluación.

8. Indica si la siguiente afirmación es verdadera o falsa: "En una IAP, el investigador asume la tarea de evaluación de las medidas adoptadas".

■ Verdadero
■ Falso

9. ¿En qué técnica participativa se obtiene información sobre las relaciones existentes en un colectivo?

a. Diagrama de flujo.
b. Árbol de problemas.
c. Sociograma.
d. Flujograma.

10. ¿Cuáles son las variables que hay que estudiar en un análisis DAFO?

a. Fronteras.
b. Oportunidades.
c. Debilidades.
d. Amenazas.

Glosario

Acoso por razón de sexo

La situación en la que se produce un comportamiento relacionado con el sexo de una persona, con el propósito o el efecto de atentar contra su dignidad y de crear un entorno intimidatorio, hostil, degradante, humillante u ofensivo.

Acoso sexual

Cualquier comportamiento, verbal o físico, de naturaleza sexual que tenga el propósito o produzca el efecto de atentar contra la dignidad de una persona, en particular cuando se crea un entorno intimidatorio, hostil, degradante, humillante u ofensivo.

Acta

Escrito que relata lo sucedido en una reunión.

Andrógino

Rasgos corporales de un sujeto que no se corresponden con los propios de su sexo.

Antropológico

Relacionado con la antropología (ciencia que estudia los aspectos físicos, sociales y culturales de la humanidad).

Auditoría retributiva

Proceso por el cual se obtiene la información necesaria para comprobar si el sistema de retribución de una organización cumple con el principio de igualdad entre mujeres y hombres.

Autoconcepto

Grupo de características de las que cada una de ellas es necesaria y el conjunto de todas es suficiente para identificarse a uno mismo como diferente del resto de las personas.

Brecha de género
Diferencia entre la tasa masculina y la femenina de una determinada variable.

Conflicto
Desacuerdo entre personas.

Cronograma
Representación gráfica de los elementos que integran un proyecto y su fecha de duración (inicio y fin).

Desigualdad
Diferencia social en que se encuentran unos sujetos frente a otros.

Discriminación
Situación en que se halla una persona que, por razón de su sexo, es tratada de forma menos favorable que otra en su misma situación.

Ecologismo
Movimiento que proclama la defensa de la naturaleza y su equilibrio con el progreso.

Empatía
Saber ponerse en el lugar de los demás.

Empírico
Está basado en la experiencia y en la observación de los hechos.

Enfoque
Acción dirigida a prestar atención o interés hacia un asunto o problema con el objetivo de intentar solucionarlo correctamente.

Estereotipo
Percepción exagerada y con pocos detalles que se tiene sobre una persona.

Infracción
Incumplimiento de una norma legal.

Interministerial
Relación entre ministerios.

Marxista
Perteneciente al marxismo, sistema basado en las ideas de Karl Marx (1818-1883) y de Friedrich Engels (1820-1895) que rechaza el capitalismo y defiende una sociedad sin clases y sin Estado.

Perspectiva de género
Tener en consideración y prestar atención a las diferencias entre mujeres y hombres en cualquier actividad de una política o acción.

Plantilla
Conjunto de personas trabajadoras de una organización.

Potestad
Poder que se tiene sobre algo.

Progenitor/a
Sinónimo de padre o madre.

Promulgar
Publicar un texto de forma legal para darlo a conocer al resto de la sociedad.

Racional
Que está basado en la razón.

Rol
Función que desarrolla un sujeto en una situación concreta.

Sanción
Pena aplicada al sujeto que infringe la norma.

Sección sindical
Grupo de personas trabajadoras que pertenecen a una organización y están afiliados a un mismo sindicato.

Sistemático
Que está ajustado a un sistema.

Sociabilidad
Cualidad del sujeto que le gusta el trato con los demás.

Socialista
Perteneciente al socialismo, sistema basado en la propiedad y administración colectiva o estatal de los medios de producción y en la desaparición de las clases sociales.

Sufragio universal
Consiste en el derecho a voto de toda la población adulta de un Estado, independientemente de su raza, sexo, creencias o condición social.

Transposición
Acción por la que se incorpora al ordenamiento de un país una norma europea.

Viabilidad
Posibilidad de hacer algo.

Bibliografía

Monografías

→ ÁLVAREZ, M.: *Impulso de la igualdad de oportunidades entre mujeres y hombres.* Antequera: IC Editorial, 2021.

> Libro interesante que incluye los puntos clave para fomentar la igualdad de género en la empresa.

Legislación

→ Ley Orgánica 3/2007, de 22 de marzo, para la igualdad efectiva de mujeres y hombres. Disponible en web: <https://www.boe.es/buscar/act.php?id=BOE-A-2007-6115>.

> Normativa que regula el derecho de igualdad de trato y de oportunidades entre mujeres y hombres, mediante la eliminación de la discriminación de la mujer en cualquiera de los ámbitos de la vida.

→ Real Decreto 901/2020, de 13 de octubre, por el que se regulan los planes de igualdad y su registro y se modifica el Real Decreto 713/2010, de 28 de mayo, sobre registro y depósito de convenios y acuerdos colectivos de trabajo. Disponible en web: <https://www.boe.es/buscar/act.php?id=BOE-A-2020-12214>.

> Normativa que tiene por objeto el desarrollo reglamentario de los planes de igualdad en consonancia con la Ley Orgánica 3/2007.

Textos electrónicos, bases de datos y programas informáticos

→ Instituto de las Mujeres, de <https://www.inmujeres.gob.es/>.

> Página web nacional del Instituto de las Mujeres en la que se puede encontrar información muy diversa relacionada con el ámbito de la igualdad, en los distintos escenarios donde se puede aplicar.

→ Ministerio de Igualdad, de: <http://www.igualdad.gob.es/>.

Página web del Ministerio de Igualdad con enlaces a organismos relacionados con este ámbito.